# Stog – Der Schober 2022

Herausgeber
Förderverein Heimatgeschichte „Stog“ e. V.
mit Sitz in Burg (Spreewald)/Bórkowy (Błota)

# Inhalt

*Holzmodell: Leben im Spreewald von Ingmar Steffen (Burg)*

# Zum Geleit

Liebe Leserinnen und Leser, der Schein trügt nicht: Dieses Heimatjahrbuch „Stog – Der Schober“ ist etwas „aus den Fugen geraten“. Ja, es sind einige etwas längere Beiträge enthalten und ja, auch manche Autoren erscheinen mehrfach. Haben wir bisher oft der Menge wegen Texte auf später verschoben, so haben wir das diesmal bis auf wenige der eingereichten Beiträge möglichst vermieden.

Warum? Wie so viele andere Projekte ist auch unser „Stog“ in die Jahre gekommen und ein Generationswechsel ist angezeigt. Während anderswo nach wie vor die alte Maxime zu gelten scheint, möglichst keinen Nachfolger sich entfalten zu lassen, möchten wir uns an dieser Stelle gern und mit ganzem Herzen etwas anderes wünschen. Aber bevor neue Akteure gefunden sind, um das „Stog-Projekt“ weiterzuführen, wollten wir auch keine lange Warteliste eingereichter Beiträge hinterlassen. Treue Sponsoren und gutes Wirtschaften ermöglichen uns, die zusätzlichen Seiten diesmal auch finanziell zu verantworten.

Wie hat alles angefangen? Als wir im Herbst 2003 ins Haus der Begegnung in Burg (Spreewald) einluden, um zu recherchieren, ob es überhaupt Mitstreiter für ein solches Projekt „Heimatkalender für den Oberspreewald“ gibt, hatten wir von den vielen konkreten Aufgaben, die dem folgen sollten, noch so gut wie keine Ahnung.

Wie man Bücher herstellt und wie man sie vermarktet, das mussten wir erst mühsam lernen – und das alles neben voller Berufstätigkeit und zusätzlich kommunalpolitischem Engagement: auf Buchmessen, im Internet, auf Lern-DVDs, mithilfe von Anleitungsbüchern, aber nicht zuletzt durch die Unterstützung von Roland Quos aus Dissen, Cottbuser Buchhändler und Gründungsmitglied unseres Vereins im Frühling 2004 und verstorben viel zu früh im August 2007. Besonders er mit seinen Fachkenntnissen und seiner engen Verbindung zum erfahrenen Cottbuser Heimatkalender hat uns Mut gemacht, ein solches Projekt auch für den Spreewald in Angriff zu nehmen.

Kalender oder Jahrbuch? Traditionell heißen Publikationen wie unsere „Kalender“, waren sie doch zugleich für die Leser/innen ein Kalender und ein Lesebuch. Das Lesebuch nahm aber im Laufe der Zeit immer mehr Raum ein – und Kalender gibt es inzwischen viele andere schöne. Doch als wir immer wieder gefragt wurden, wann man unseren „Stog“ denn nun bekäme, um ihn an die Wand hängen zu können, entschieden wir uns, diesen „Heimatkalender" in „Heimatjahrbuch" umzubenennen, denn ein Buch ist es ja nun unverkennbar. Inzwischen sind die jährlichen Bände eine wahre Fundgrube heimatgeschichtlicher Details geworden, sodass die Redaktion 2017 bereits eine Bibliografie zum Nachschlagen von Themen, Autoren und Beiträgen herausgegeben hat.

Nun ist es also in die Jahre gekommen, unser Heimatjahrbuch „Stog – Der Schober". Und eben auch wir, die Initiatoren von einst. Der 2004 gegründete gemeinnützige Verein hat trotz der Einschränkungen durch Corona in diesem Jahr in einer Mitgliederversammlung einen neuen Vorstand gewählt und weitere Schritte beraten. Im Mittelpunkt steht, alle an unserem Projekt Interessierten zu ermuntern, sich über eine künftige Mitwirkung Gedanken zu machen und den Verein damit zu stärken.

Wünschenswert wäre es natürlich, wenn sich sowohl an Heimatgeschichte inhaltlich Interessierte als auch Menschen mit Kenntnissen von Bildbearbeitung sowie Satz- und Layoutgestaltung für unser Buchprojekt begeistern könnten. All diese Arbeiten haben wir in der Vergangenheit ehrenamtlich, also unentgeltlich für das Projekt geleistet. Mehr haben die Finanzen des Vereins dafür nicht hergegeben.

Wenn es zum Ende geht, denkt man öfter an den Anfang. Zwangsläufig wird man dann an Leute erinnert, die ein Stück des Weges mit uns zusammen gegangen waren. Im Corona-Frühjahr 2021 erfuhren wir aus dem „Nowy Casnik" mit persönlicher Betroffenheit vom Tod unseres Autors Klaus-Peter Jannasch/Petš Jannaš, der bereits im ersten „Stog" mit einem Beitrag dabei war. Unsere Zusammenarbeit begann nach einem Gespräch in den Pausen eines Auftritts des Sorbischen Nationalensembles im Saal des Hotels „Zum Stern" in Werben. Seitdem war Jannasch viele Jahre mit dabei und hat uns vor allem den Dichter Mato Kosyk und die Dichterin/Redakteurin Mina Witkojc nahegebracht. Mit dem Vetschauer Karl Katzmann haben wir bereits ein Jahr zuvor einen weiteren Autor verloren. Über beide Persönlichkeiten werden Sie in diesem „Stog" eine Erinnerung finden.

Und so wird die Liste derer immer länger, die uns seit dem Start unseres Projektes verlassen haben, wie eben auch Hans Gahler, Lotar Balke, Siegfried Ramoth, Friedel Rößler oder Martin Schmidt. Sie alle haben uns zu Beginn Mut gemacht, dieses Projekt Heimatjahrbuch „Stog – Der Schober" in Angriff zu nehmen, und sie alle haben daran mitgewirkt, solange es ihnen möglich war.

Lassen Sie uns gemeinsam nach Möglichkeiten suchen, um unser Projekt „Heimatkalender/-jahrbuch" für den Oberspreewald auch mit einem Generationswechsel fortsetzen zu können.

*Rolf & Edeltraud Radochla*

# Januar / Wezymski

Foto: Sammlung Wendisches Museum Cottbus/Chóśebuz

*Bestellung des Aufgebotes um 1860, Lithografie von Adolf Burger*

Auf den diesjährigen Kalenderblättern in unserem *Stog* greifen wir Trachten, Bräuche und Sitten der Wendischen Hochzeit im Spreewald auf. Neben dem großen und beeindruckenden Epos gleichen Namens des Werbener Dichters Mato Kosyk (1853–1940) hielt der Cottbuser Lehrer, Dichter und Volkskundler Ewald Müller (1862–1932) durch Besuche der Spreewalddörfer und Befragung ihrer Bewohner umfangreiche Details über das Alltags- und das Festtagsleben in der „Niederlausitzer Wendei" (1925) fest. Auszüge aus dem Kapitel „Hochzeit" begleiten Sie auf den nächsten Seiten. Wir danken dem Wendischen Museum sowie Manfred Kliche, Heiko Lobert, Gerd Rattei und Harry Rinza für die Bereitstellung des historischen Fotomaterials.

*Edeltraud Radochla, Stog-Redaktion*

| | | | | | | | |
|---|---|---|---|---|---|---|---|
| Montag | ponjeźele | | 3 | 10 | 17 | 24 | 31 |
| Dienstag | wałtora | | 4 | 11 | 18 | 25 | |
| Mittwoch | srjoda | | 5 | 12 | 19 | 26 | |
| Donnerstag | stwortk | | 6 | 13 | 20 | 27 | |
| Freitag | pětk | | 7 | 14 | 21 | 28 | |
| Sonnabend | sobota | 1 | 8 | 15 | 22 | 29 | |
| Sonntag | njeźela | 2 | 9 | 16 | 23 | 30 | |

# *Februar / Swěckowny*

FOTO: SAMMLUNG WENDISCHES MUSEUM COTTBUS/CHÓŚEBUZ

*Brautjungfern mit Hupac in Burg/Bórkowy, Mai 1935*

„Inbetreff der Heiraten unter den Spreewaldbewohnern tritt meist ein ausgeprägter Kastengeist zutage. Es wäre entwürdigend, wenn eine Bauerntochter nicht einen Bauern, die Tochter eines Büdners nicht wieder einen Büdner zum Manne nähme. Unmittelbar nach der Werbung begeben sowohl die zukünftige Braut als auch der erwählte Bräutigam sich zunächst nach dem Gehöfte des anderen Teils ‚auf die Besehe'. Entspricht alles den Erwartungen der Beteiligten, erst dann erfolgt die Festsetzung der Verlobung und Hochzeit. [...] Zum Zeichen der Einwilligung legt der Vater [der Braut] die Hände der Verlobten ineinander."

| | | | | | | | |
|---|---|---|---|---|---|---|---|
| Montag | ponjeźele | | 7 | 14 | 21 | 28 | |
| Dienstag | wałtora | 1 | 8 | 15 | 22 | | |
| Mittwoch | srjoda | 2 | 9 | 16 | 23 | | |
| Donnerstag | stwortk | 3 | 10 | 17 | 24 | | |
| Freitag | pětk | 4 | 11 | 18 | 25 | | |
| Sonnabend | sobota | 5 | 12 | 19 | 26 | | |
| Sonntag | njeźela | 6 | 13 | 20 | 27 | | |

# März / Pozymski

Abb.: Sammlung Heiko Lobert, Archiv Stefanie Krautz

*Hochzeitsgesellschaft mit Hochzeitsbittern und Brautjungfern um 1910 in Jänschwalde/Janšojce*

„Etwa acht bis vierzehn Tage vor der Hochzeit werden die Gäste durch den Brautführer und den ersten Brautdiener feierlich eingeladen. Beide erscheinen bereits in Hochzeitstracht. Des Brautführers Abzeichen ist entweder ein mit weißen Atlasbändern und mit einem großen weißen Knopfe verzierter Rohrstock, oder, falls er gar beritten erscheint, ein Degen, wie es in den Grenzdörfern des Spreewaldes üblich ist. Nachdem er günstig Bescheid erhalten und gut bewirtet worden, erstattet er im Brauthause Bericht [...] Ein Polterabend findet bei den Wenden gewöhnlich nicht statt. Doch versammeln sich an diesem Abend die Mädchen der Spinnstuben vor dem Brauthause und singen geistliche und weltliche Lieder [...] Wenige Tage vor der Hochzeit bringen die geladenen Gäste Milch, Butter, Käse und Eier in das Festhaus, in manchen Orten bereits die Hochzeitsgeschenke. Dafür sendet man ihnen am Hochzeitstage Kuchen und eine Schüssel ‚gebackenen Quark'. [...] endlich der Hochzeitstag [...] Die vom Bräutigam geladenen Gäste finden sich bei diesem ein, die von der Braut geladenen und sämtliche Brautjungfern versammeln sich bei der letzten."

Brautführer/Hochzeitsbitter: bei Ewald Müller auch Pobratsch, wendisch póbratš oder pódružba

| | | | | | | | |
|---|---|---|---|---|---|---|---|
| Montag | ponjeźele | | 7 | 14 | 21 | 28 | |
| Dienstag | wałtora | 1 | 8 | 15 | 22 | 29 | |
| Mittwoch | srjoda | 2 | 9 | 16 | 23 | 30 | |
| Donnerstag | stwortk | 3 | 10 | 17 | 24 | 31 | |
| Freitag | pětk | 4 | 11 | 18 | 25 | | |
| Sonnabend | sobota | 5 | 12 | 19 | 26 | | |
| Sonntag | njeźela | 6 | 13 | 20 | 27 | | |

# April / Nalětny

*Lotar Balke: „Geta Schichan und der Hupac in Burg". In: Stog – Der Schober 2006, S. 45-47*

„Die Braut erscheint stets schwarz gekleidet. Sie trägt einen eigenartigen Kopfputz, Hupatz genannt, geziert mit Ranken aus Myrte, Perlen und Flitter und dem Brautkränzchen mit Seidenbüscheln auf der Hinterseite der Kopfbedeckung. Eine mächtige weiße Halskrause und ein weißes Tuch in der Hand vervollständigen im wesentlichen die Tracht. Im höchsten Festschmuck aber prangen die Brautjungfern und Mädchen, deren farbenbunte und kleidsame Nationaltracht an Wert und Kostbarkeit vielfach die Kostüme der Stadtdamen übertrifft. Bei dem weiblichen Ehrengeleite erscheint der Hupatz grün und weiß, bei einzelnen Mädchen auch rot."

| | | | | | | | |
|---|---|---|---|---|---|---|---|
| Montag | ponjeźele | | 4 | 11 | 18 | 25 | |
| Dienstag | wałtora | | 5 | 12 | 19 | 26 | |
| Mittwoch | srjoda | | 6 | 13 | 20 | 27 | |
| Donnerstag | stwortk | | 7 | 14 | 21 | 28 | |
| Freitag | pětk | 1 | 8 | 15 | 22 | 29 | |
| Sonnabend | sobota | 2 | 9 | 16 | 23 | 30 | |
| Sonntag | njeźela | 3 | 10 | 17 | 24 | | |

# Mai / Rozhelony

ABB.: SAMMLUNG MANFRED KLICHE

*Wendisches Brautpaar in Raddusch/Raduš*

„Eine gewisse Farbenfreudigkeit in der Kleidung tritt selbst bei den im dunklen Anzuge erscheinenden Männern und Burschen zutage, welche am Hut ein Sträußchen mit roten und blauen Bändern, im Knopfloch gleichfalls einen Strauß und ein farbiges Tuch tragen. Der Bräutigam ist gleich der Braut völlig in schwarz gekleidet und an der Brust mit einem Sträußchen aus Myrte und einer weißgrünen Schleife geschmückt. Sein besonderes Abzeichen ist auf dem linken Unterarm ein grünes Kränzchen aus künstlichen Blättern und Perlen, von welchem lose weiße und grüne Seidenfäden etwa ein Viertel Meter lang herabhängen."

| | | | | | | | |
|---|---|---|---|---|---|---|---|
| Montag | ponjeźele | | 2 | 9 | 16 | 23 | 30 |
| Dienstag | wałtora | | 3 | 10 | 17 | 24 | 31 |
| Mittwoch | srjoda | | 4 | 11 | 18 | 25 | |
| Donnerstag | stwortk | | 5 | 12 | 19 | 26 | |
| Freitag | pětk | | 6 | 13 | 20 | 27 | |
| Sonnabend | sobota | | 7 | 14 | 21 | 28 | |
| Sonntag | njeźela | 1 | 8 | 15 | 22 | 29 | |

# Juni / Smažki

Abb.: Sammlung Heiko Lobert, Archiv Stefanie Krautz

*Brautpaar mit Hochzeitsbittern und Brautjungfern um 1910 in Jänschwalde/Janšojce*

„Im Hause des Bräutigams werden die Gäste durch den Brautführer, im Hause der Braut durch den Vater derselben bewillkommnet und mit Bier und Branntwein bewirtet. Der Brautführer fragt nunmehr den Bräutigam, ob er die Braut heiraten wolle. Nach erfolgter Bejahung wird er in einer meist langen Rede auf die Pflichten des Ehemannes aufmerksam gemacht [...] Darauf begibt man sich in die mit Girlanden und Reisern geschmückten Kähne oder Wagen, und die fröhliche Gesellschaft zieht dem Hause der Braut zu."

| | | | | | | | |
|---|---|---|---|---|---|---|---|
| Montag | ponjeźele | | 6 | 13 | 20 | 27 | |
| Dienstag | wałtora | | 7 | 14 | 21 | 28 | |
| Mittwoch | srjoda | 1 | 8 | 15 | 22 | 29 | |
| Donnerstag | stwortk | 2 | 9 | 16 | 23 | 30 | |
| Freitag | pětk | 3 | 10 | 17 | 24 | | |
| Sonnabend | sobota | 4 | 11 | 18 | 25 | | |
| Sonntag | njeźela | 5 | 12 | 19 | 26 | | |

# Juli / Žnjojski

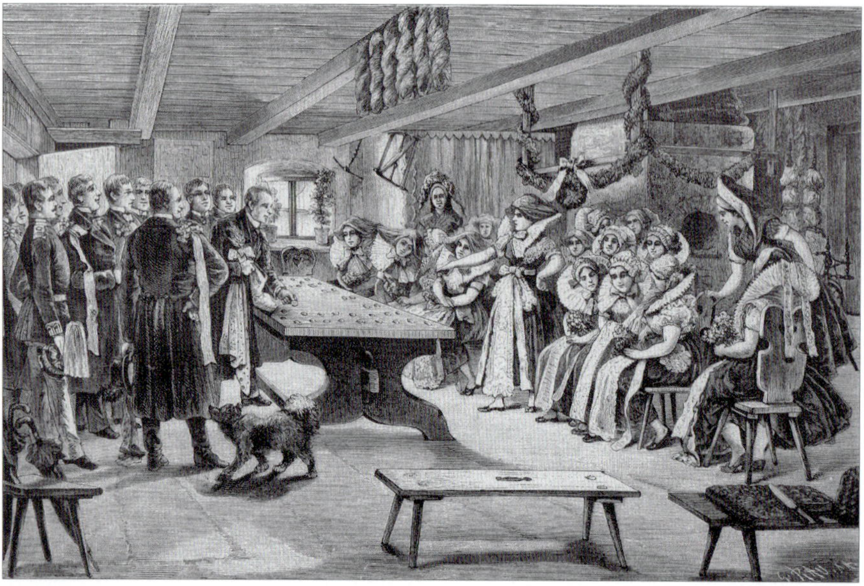

ABB.: SAMMLUNG WENDISCHES MUSEUM COTTBUS/CHÓŚEBUZ

*Der Brautkauf, Skizze von Max Scholz, 1886.*
*In: Maria Mirtschin: Der Blick von außen, Domowina Verlag 2006*

„Eine hohe Ehrenpforte aus Stangen, mit Girlanden umwunden und mit Tüchern und Bändern geschmückt, kennzeichnet das Brauthaus [...] Die Gäste, allen voran der Brautführer, treten ein. Er wirbt noch einmal in aller Form um die Braut, um diese durch einen unter vielem Feilschen vollzogenen Kauf dem draußen harrenden Bräutigam zuzuführen. Ist der Kauf abgeschlossen, wird zunächst eine alte, verschleierte Frauensperson mit einer schweren Kiepe auf dem Rücken herbeigebracht [...] Der Brautführer weist die Alte energisch zurück und schlägt mit dem Schwerte oder Stocke auf den Buckel, sodass die Töpfe krachend in Scherben zerspringen. Darauf führt man ein hübsches, aber nicht festlich gekleidetes Mädchen herbei, das der Brautführer ebenfalls ablehnt."

| | | | | | | | |
|---|---|---|---|---|---|---|---|
| Montag | ponježele | | 4 | 11 | 18 | 25 | |
| Dienstag | wałtora | | 5 | 12 | 19 | 26 | |
| Mittwoch | srjoda | | 6 | 13 | 20 | 27 | |
| Donnerstag | stwortk | | 7 | 14 | 21 | 28 | |
| Freitag | pětk | 1 | 8 | 15 | 22 | 29 | |
| Sonnabend | sobota | 2 | 9 | 16 | 23 | 30 | |
| Sonntag | njeźela | 3 | 10 | 17 | 24 | 31 | |

# August / Jacmjeński

*Bauernhochzeit in Klein Lieskow/Liškowk 1952; im Hintergrund die große Ehrepforte*

„Schließlich erscheint an der Hand des Vaters die Braut [...] Es erfolgt nun ähnlich wie im Hause des Bräutigams die ‚große Abbitte' und der meist rührende Abschied. Vor der Abfahrt zur standesamtlichen Verbindung und zur Trauung stärkt man sich aus einem bekränzten Kruge, der mit Bier gefüllt ist. Darauf nimmt man in den bereitstehenden Kähnen Platz. An der Spitze des im Blumenschmucke prangenden Kahnzuges befindet sich die eifrig musizierende Dorfkapelle, ihr schließen sich die Fahrzeuge mit den Frauen und Mädchen an, welche die Braut in ihre Mitte genommen haben, darauf die Kähne mit dem männlichen Gefolge und dem Bräutigam [...] Vielfach ist das zu passierende Fließ durch eine lange Leine gesperrt; in launiger Ansprache wird das Lösegeld gefordert und gern von der Braut gespendet."

| | | | | | | | |
|---|---|---|---|---|---|---|---|
| Montag | ponjeźele | **1** | **8** | **15** | **22** | **29** | |
| Dienstag | wałtora | **2** | **9** | **16** | **23** | **30** | |
| Mittwoch | srjoda | **3** | **10** | **17** | **24** | **31** | |
| Donnerstag | stwortk | **4** | **11** | **18** | **25** | | |
| Freitag | pětk | **5** | **12** | **19** | **26** | | |
| Sonnabend | sobota | **6** | **13** | **20** | **27** | | |
| Sonntag | njeźela | **7** | **14** | **21** | **28** | | |

# *September / Nazymski*

Abb.: Gerd Rattei

*Hochzeitszug in Cottbus/Chóśebuz, voran der Hochzeitsbitter (nachgestellt)*

„Nachdem die Polizei und der Geistliche von der Ankunft der Gäste durch die Brautdiener benachrichtigt worden sind, ordnet man sich beim beginnenden Glockenklange zum Einzug in die Kirche. Die Spitze des Hochzeitszuges bildet der Brautführer mit der Braut [...] dann folgt das weibliche Personal, weiterhin der Bräutigam mit einem älteren Brautdiener, schließlich der männliche Teil der Gäste [...] Die Predigt wird, wenn möglich, in wendischer Sprache gehalten [...] Nach der Trauung spricht der Brautführer an der Kirchentür den gewöhnlich zahlreich erschienenen Dorfbewohnern seinen Dank aus [...]"

| | | | | | | | |
|---|---|---|---|---|---|---|---|
| Montag | ponjeźele | | 5 | 12 | 19 | 26 | |
| Dienstag | wałtora | | 6 | 13 | 20 | 27 | |
| Mittwoch | srjoda | | 7 | 14 | 21 | 28 | |
| Donnerstag | stwortk | 1 | 8 | 15 | 22 | 29 | |
| Freitag | pětk | 2 | 9 | 16 | 23 | 30 | |
| Sonnabend | sobota | 3 | 10 | 17 | 24 | | |
| Sonntag | njeźela | 4 | 11 | 18 | 25 | | |

# *Oktober / Winski*

ABB.: GERD RATTEI

*Hochzeitsgesellschaft im Kahn-Korso (nachgestellt)*

Auf dem Rückweg: „Braut und Bräutigam sitzen nun im Kahne nebeneinander [...] An der Ortsgrenze wird der Zug gewöhnlich wieder aufgehalten und man muss sich die Weiterfahrt durch ein Geldopfer erkaufen. Ebenso ist der Eingang zum Brauthause durch die Mädchen der Spinnstube gesperrt, welche [...] mit bekränzten Tellern eine Spende für ihre Spinnkasse entgegennehmen. Am Tisch erhalten die jungen Eheleute auf bekränzten Stühlen den Ehrenplatz gegenüber der Stubentür. Das Gastmahl wird durch ein Gebet [...] eröffnet."

| | | | | | | | |
|---|---|---|---|---|---|---|---|
| Montag | ponjeźele | | 3 | 10 | 17 | 24 | 31 |
| Dienstag | wałtora | | 4 | 11 | 18 | 25 | |
| Mittwoch | srjoda | | 5 | 12 | 19 | 26 | |
| Donnerstag | stwortk | | 6 | 13 | 20 | 27 | |
| Freitag | pětk | | 7 | 14 | 21 | 28 | |
| Sonnabend | sobota | 1 | 8 | 15 | 22 | 29 | |
| Sonntag | njeźela | 2 | 9 | 16 | 23 | 30 | |

# *November / Młošny*

Abb.: Sammlunfg Harry Rinza

*Rückkehr nach der Trauung zur Kolonieschänke in Burg/Bórkowy, 1920er Jahre*

„Nach aufgehobener Tafel [...] begibt man sich zum Tanz in das Wirtshaus. Jedoch ist es dem Bräutigam verboten, sich an diesem Tage daran zu beteiligen; desto mehr tanzt die Braut. Gewöhnlich gegen Mitternacht erfolgt unter Gesang eines Liedes in der Schenke die Abnahme des Brautkranzes. Braut und Bräutigam sitzen dabei auf zwei Stühlen, so dass sie sich gegenseitig mit dem Rücken berühren, während die jungen Paare sich um die Brautleute bewegen. Nach einer kurzen Ansprache des Pobratsch wird der Brautkranz abgenommen und in die Höhe geworfen. Hastig greifen die Mädchen danach; denn die ihn erlangt, wird, wie man meint, zuerst glückliche Braut. Nachdem der Brautführer das neuvermählte Paar von den Gästen verabschiedet, vergnügen diese sich noch längere Zeit mit Tanzen."

| | | | | | | | |
|---|---|---|---|---|---|---|---|
| Montag | ponjeźele | | 7 | 14 | 21 | 28 | |
| Dienstag | wałtora | 1 | 8 | 15 | 22 | 29 | |
| Mittwoch | srjoda | 2 | 9 | 16 | 23 | 30 | |
| Donnerstag | stwortk | 3 | 10 | 17 | 24 | | |
| Freitag | pětk | 4 | 11 | 18 | 25 | | |
| Sonnabend | sobota | 5 | 12 | 19 | 26 | | |
| Sonntag | njeźela | 6 | 13 | 20 | 27 | | |

# Dezember / Zymski

Abb.: Sammlunfg Harry Rinza

*Bauernhochzeit in Burg, 1920er Jahre*

„Am zweiten Hochzeitstage sammelt man während des Mahles auf einem Teller mit Salz für die Köchin, auf einem anderen Teller mit Wasser und einem kleinen Strohwisch oder Kräutern ein Geschenk für die Aufwärterin. Sind die Hochzeitsgeschenke nicht schon früher abgegeben, so geschieht das jetzt. Jedem Geber wird der Dank durch Musik und durch ein Glas Bier zum Ausdruck gebracht. Nach Entgegennahme der Geschenke lädt man das Brautgut auf die Wagen oder in die Fahrzeuge. Der Brautführer erklärt die Hochzeit für geschlossen und bittet, der Braut das Geleit in die neue Heimat geben zu dürfen. Zuletzt hält er noch eine Abschiedsrede, und alle Anwesenden singen ein Scheidelied [...] Kurze Zeit nach der Hochzeit werden noch einmal alle Gäste zu einer Nachfeier [...] eingeladen."

| | | | | | | | |
|---|---|---|---|---|---|---|---|
| Montag | ponježele | | 5 | 12 | 19 | 26 | |
| Dienstag | wałtora | | 6 | 13 | 20 | 27 | |
| Mittwoch | srjoda | | 7 | 14 | 21 | 28 | |
| Donnerstag | stwortk | 1 | 8 | 15 | 22 | 29 | |
| Freitag | pětk | 2 | 9 | 16 | 23 | 30 | |
| Sonnabend | sobota | 3 | 10 | 17 | 24 | 31 | |
| Sonntag | nježela | 4 | 11 | 18 | 25 | | |

# „Von der Freiheit der wendischen Weiber“ zur „Insel der glücklichen Witwen“

## Bemerkenswertes aus der Rechtsgeschichte der Niederlausitz

Heiko Kosel

Heiko Kosel (sorb. Hajko Kozel), Jg. 1966, sorbischer Rechtsanwalt und Historiker, seit 20 Jahren Inhaber einer Kanzlei mit grenzüberschreitender Ausrichtung nach Polen, Tschechien und Russland, Autor verschiedener Publikationen zu Minderheiten- und Nationalitätenrecht in Europa sowie zur Rechts- und Religionsgeschichte der Lausitz, Mitglied des Serbski sejm (Vorsitzender des Ausschusses „Verfassung/Recht“), Mitglied des sächsischen Landtages a. D.

Die Stellung der Frauen im Recht ist auch heute noch nicht von vollständiger Gerechtigkeit geprägt. Die politischen und rechtlichen Auseinandersetzungen der letzten 150 Jahre haben aber wichtige Verbesserungen erbracht. Auf den ersten Blick erscheint jedoch die Lausitz hieran nicht in erkennbaren Umfang beteiligt. Ein Blick in die Rechtsgeschichte macht deutlich, dass es hier beim Kampf um die Gleichberechtigung der Frauen Sonderentwicklungen gab, die uns auch heute noch stolz machen können.

Den Ausgangspunkt bildet ein Blick ins Mittelalter, das sich bezüglich der Frauenrechte bei unseren slawischen Vorfahren als gar nicht so „finster“ erweist. Denn für den Bereich des westslawischen Familien- und Erbrechts sprechen die – leider sehr wenigen – schriftlichen Quellen, wenn vielleicht auch nicht für das Bestehen des Matriarchats, so doch aber mindestens für eine sehr starke Rechtsstellung der Frauen. Selbst nach dem Verlust der politischen Unabhängigkeit waren diese Rechtstraditionen bei den westslawischen Stämmen noch so stark ausgeprägt, dass sich sogar Eike von Repkow in seinem Anfang des 13. Jahrhunderts verfassten „Sachsenspiegel“ damit glaubte auseinandersetzen zu müssen. Er kommt zunächst nicht umhin, die Tatsache festzustellen: „Man sagt, dass alle Wendinnen frei sind“. Aber schon im selben Satz polemisiert er dagegen und bestreitet dies mit der Begründung, dass auch „die Wendinnen ihren Herren den Heiratszins geben würden [...] sooft sie einen Mann nehmen.“ Diese Bemerkung lässt nun aber doch vermuten, dass die Frauen bei unseren westslawischen Vorfahren gerade im Ehe- und Familienrecht durchaus gewisse Freiheiten hatten, dass die dort bestehenden Eheformen möglicherweise im Nachklang matriarchalischer Strukturen nicht fest bis auf den Tod eines Ehegatten ausgerichtet waren und dass vor allem auch die Frau das Recht hatte, die Scheidung der Ehe herbeizuführen oder das Zusammenleben mit ihrem Mann in sonstiger Weise zu beenden.

In den wenigen neuzeitlichen Kommentaren des „Sachsenspiegels", die sich mit diesen Spuren von „wendisch recht" befassen, wird diese besondere Rechtsstellung der Frau im westslawischen Ehe- und Scheidungsrecht durchaus vermerkt: „Weder die neuen Herren des Wendenlandes noch die christliche Mission hätten die slawische Auffassung von der Familie, der die Möglichkeit einvernehmlicher Scheidung eigen gewesen ist, zu ändern vermocht, vielmehr sei die Bestimmung wendischen Sonderrechts bestehen geblieben."[1] In einem anderen Kommentar heißt es: „Die wendischen Frauen hätten noch im 13. Jahrhundert ihren Herren den Heiratspfennig geben müssen, sooft sie einen Mann genommen hätten, aber andererseits nach wendischem Recht Letzteren jeden Augenblick verlassen können gegen Zahlung der Fersenpfennige".[2]

Damit genossen die westslawischen Frauen nach „wendisch recht" eine starke Rechtsstellung und weitreichende Freiheiten sowohl bei der Eingehung von Ehen als auch bei deren Beendigung. Für die nichtslawischen Frauen galt hingegen nach dem „Sachsenspiegel" die Ehe im Prinzip als auf Lebenszeit geschlossen. Mit der Ehe wurde dort der Mann zum Vormund für seine Frau, und nur in engen Grenzen war eine Aufhebung der Ehe, aber jedoch keine Ehescheidung möglich. Eine erneute Heirat war in diesem Fall im Unterschied zum „wendisch recht" somit nicht möglich.

Im „Sachsenspiegel" des Eike von Repkow finden sich auch Hinweise auf ein speziell ausgeformtes westslawisches Erbrecht zugunsten der Frauen. In welchem Maße hier die Erbfolge nach der weiblichen Linie ursprünglich ausgeprägt war, lässt sich am Text des „Sachsenspiegels" nicht mehr eindeutig beantworten, da diese Textstellen bereits mit Bestimmungen vermischt waren, die der Erzbischof Wichmann von Magdeburg zu Diskriminierung der Slawen erlassen hatte. Allerdings sind westslawische Frauen als Inhaberinnen und Erbinnen von Zeidlereien im Rahmen von nach sorbischem Recht organisierten Imker- und Bienenzüchtergenossenschaften noch bis ins 14. Jahrhundert bezeugt. Die Tatsache, dass das Erbe hier an Frauen fiel, obwohl in der Familie auch Söhne vorhanden waren, wird dabei in den historischen Akten besonders hervorgehoben. Dies spricht für eine besondere starke Rechtsstellung der Frau im sorbischen Erbrecht, die von der sonstigen Rechtsordnung in den deutschen

1) Hugelmann, Karl Gottfried: Die Rechtsstellung der Wenden im deutschen Mittelalter. In: ZRG Germ. A 58 (1938), S. 214 ff.

2) Schulze, Eduard: Die Kolonisation und Germanisierung der Gebiete zwischen Elbe und Saale, Leipzig 1869, S. 193

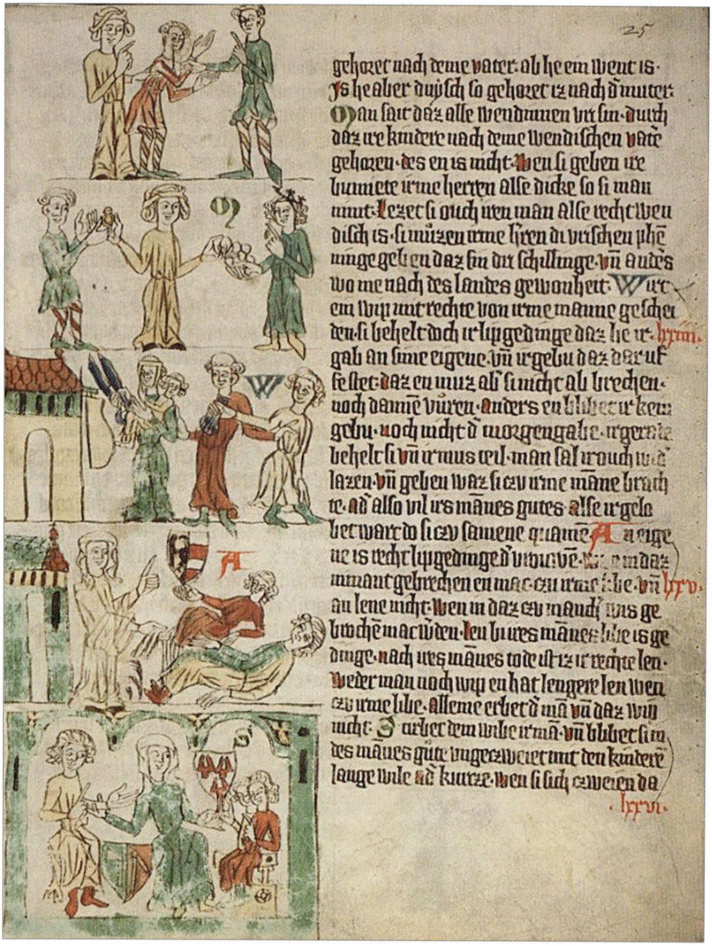

Abb.: Universitätsbibliothek Heidelberg, Digitalausgabe

*Sachsenspiegel: Landrecht drittes Buch: (1) Ldr. III 73 § 2 (zweiter Teil): Sorgerecht bei Kindern von Wenden oder eines deutschen und eines wendischen Elternteils ; (2) Ldr. III 73 § 3: Heiratszins bei Eheschließung der Wenden und Fersenpfennig bei Scheidung; (3) Ldr. III 74: Güterausgleich bei Scheidung; (4) Ldr. III 75 § 1-3: Eigentumsrecht und Lehensrecht für Männer und Frauen; (5) Ldr. III 76 § 1: Recht der Witwe an Gütern des Verstorbenen (Kommentar: Universitätsbibliothek Heidelberg)*

Feudalstaaten auch noch Anfang des Spätmittelalters abzuweichen scheint.

Für die Niederlausitz, insbesondere für die Stadt Cottbus/Chóśebuz und ihre Ratsdörfer können wir den besonders bemerkenswerten Fakt konstatieren, dass sich jene die Frauen schützenden Traditionen des „wendisch recht“ bis in die Neuzeit, ja wohl möglicherweise bis in unsere Tage fortgesetzt haben. Der Grund dafür ist eine Rechtsvorschrift des Cottbuser Stadtrechts, die als „Cottbuser Willkür“ in die Rechtsgeschichte eingegangen ist.

Diese Bezeichnung hat – anders als ihr Name vermuten lässt – nichts mit Unterdrückung und Tyrannei zu tun, sondern ist vielmehr ganz im Gegenteil das Ergebnis des gemeinsamen Willens der gesamten Cottbuser Bürgerschaft. Denn das Wort Willkür bedeutet hier ein „Recht, dass aus vieler Leute Willen gekoren ist und allein die bindet, unter welchen es gemacht ist."[3]

Entstanden ist die „Cottbuser Willkür" am Tage Fabian Sebastian des Jahres 1409 – also am 20. Januar 1409 – im engen Zusammenhang mit der Übernahme des Magdeburger Stadtrechts für die Stadt Cottbus. Diese Rechtsübernahme erfolgte aber mit einer ausdrücklichen Ausnahme, eben jener „Cottbuser Willkür", auf die sich der Stadtherr von Cottbus Johann III. (Hanß) mit seinen „lieben getreuen Männern und Ratsmännern und der ganzen Gemein des Landes und der Stadt Cottbus" geeinigt hatte.[4]

Zwar gibt es vom Text der „Cottbuser Willkür" mindestens fünf teilweise voneinander abweichende Abschriften. Der Kern der Regelung ist jedoch klar erkennbar: Ein Ehegattenerbrecht – und das ist das Bemerkenswerte – in dem auch die ihren Mann überlebende Frau erbberechtigt war. Zwar nur zu einem Drittel der Erbmasse, aber immerhin. Denn nach den sonstigen in Mitteleuropa geltenden Rechtsvorschriften, zum Beispiel dem römischen Recht oder dem sächsischen Recht des „Sachsenspiegels" und konkret dem Magdeburger Stadtrecht kannte man ein besonderes Erbrecht der überlebenden Ehefrau überhaupt nicht. Durch die „Cottbuser Willkür" wurde also die Stadt Cottbus und ihr näheres Umland im erbrechtlichen Sinne zu einer „Insel der glücklichen Witwen".

Bei einer so deutlich von der übrigen Rechtslage abweichenden Sonderregelgung stellt sich natürlich die Frage nach deren Ursprung. Die ganze Form der „Cottbuser Willkür" weist darauf hin, dass in ihr nur schriftlich festgehalten wurde, was durch alten Gebrauch und Herkommen bereits in der Stadt Cottbus übliches Gewohnheitsrecht war. In der seit 1874 vereinzelt nachweisbaren wissenschaftlichen Literatur zur „Cottbuser Willkür" wird deren Quelle entweder eindeutig und ausschließlich im „slawischen Recht" beziehungsweise im slawischen oder fränkischen Recht am Rhein gesehen. Dieses doch recht klare Bekenntnis zum slawischen Recht ist umso bemerkenswerter, da es sich bei den Autoren um preußische Kreisrichter und Referendare handelte, die sich ansonsten wahrlich nicht durch übergroße Sympathie für etwas „Slawisches" auszeichneten. Der teilweise vertretene Hinweis auf das fränkische Recht am Rhein bezieht sich auf den Hinweis aus dem „Sachsenspiegel", dass die „Herren von „Godebuz" aus Franken stammten. Mittlerweile hat die wissenschaftliche

3) Rfdr. Harnisch: Aus dem alten Cottbus – über märkisches Provinzialrecht und die Cottbuser Willkür ..., Cottbus 1909, S. 14 f.

4) Christl, Andreas u. a.: Geschichte der Stadt Cottbus, Cottbus 1994, S. 31

Fachdebatte die ursprüngliche These, dass damit die Stadtherren von Cottbus gemeint sein könnten, stark in Zweifel gezogen. Unzweifelhaft hingegen ist die seit etwa 1.500 Jahren bis heute bestehende Kontinuität slawisch-sorbischer Bevölkerung in dem Gebiet um Cottbus/Chóśebuz. Folglich wird nach dem derzeitigen Stand der Forschung der Auffassung zu folgen sein, dass die „Cottbuser Willkür" eine Fortsetzung der „Freiheit der wendischen Weiber" aus den westslawischen Stammesrechten darstellt. Zumal jüngste archäologische Forschungen in der Niederlausitz auch in einem weiteren Punkt die starke Stellung der westslawischen Frauen zu belegen scheinen: In slawischen Frauengräbern wurden auch in der Niederlausitz Waffen (Messer) als Grabbeigaben gefunden, wodurch die These unterstützt wird, dass die Wendinnen bereits zu Lebzeiten das Recht gehabt hätten, Waffen zu tragen.

Die „Cottbuser Willkür" hatte einen erstaunlich langen Atem. Bereits mit dem endgültigen Übergang der Stadt Cottbus an das Kurfürstentum Brandenburg im Jahr 1462 hat es immer wieder Versuche der Landesherren gegeben, der „Cottbuser Willkür" den Garaus zu machen. Auch die preußischen Könige versuchten im Rahmen ihrer Zentralisierungs- und Vereinheitlichungsbestrebungen, die „Cottbuser Willkür" abzuschaffen. Selbst in der kurzen Zugehörigkeit zu Sachsen von 1806 bis 1813 unternahm der Dresdner Hof einen Vorstoß gegen die „Cottbuser Willkür". Alle diese Versuche scheiterten jedoch an dem Widerstand der Cottbuser Bürgerschaft und an manchen historischen Zufällen.

Erst im Jahr 1900 wurde mit der Einführung des Bürgerlichen Gesetzbuches (BGB) im gesamten deutschen Kaiserreich die „Cottbuser Willkür" abgeschafft, was aber nicht das Ende ihrer Anwendbarkeit bedeutete, denn in § 200 des Einführungsgesetzes zum BGB wurde festgehalten, dass es für schon bestehende Ehen bei den bisherigen gesetzlichen Regelungen bleibt.

Auch die Einführung des Zivilgesetzbuches der DDR änderte daran nichts. Denn auch das diesbezügliche Einführungsgesetz legte in § 8 für sogenannte Altfälle die Anwendung des ursprünglichen Rechts fest.

Gleiches galt auch bei der Wiedereinführung des BGB im Jahr 1990. Das heißt, seit 1900 ist die „Cottbuser Willkür" zwar nicht mehr geltendes Recht, müsste aber auf Ehen, die vor diesem Zeitpunkt geschlossen wurden, bis zum heutigen Tage angewandt werden. Das sind jedoch sehr theoretische Erbfallkonstruktion, deren Auftreten in der Praxis im Laufe der Zeit immer unwahrscheinlicher geworden ist. Es bleibt aber eine bemerkenswerte Kulturtat der Cottbuserinnen und Cottbuser, mehr als 600 Jahre lang in einem über lange Zeit frauenfeindlichen Rechtsumfeld nicht „von der Freiheit der wendischen Weiber" gelassen zu haben, sondern eine Frauen schützende Rechtsnorm fast bis in unsere Tage erhalten zu haben.

# Wendische Bauernhochzeit in Raddusch

## Ein Höhepunkt in jeder Familie

Manfred Kliche

Raddusch/Raduš gehört zum wendischen Siedlungsgebiet, war wie die Nachbardörfer Naundorf, Fleißdorf (Dlugy), Stradow, Suschow und Märkischeide (Weissagk) bis 1815 Teil der sächsischen Niederlausitz und kam nach dem Wiener Kongress zu Preußen.

Als Arnošt Muka 1880 bis 1884 die wendische Niederlausitz durchwanderte und volkskundliches Material sammelte, stellte er fest, dass in Raddusch noch 98 Prozent der Einwohner im Umgang miteinander wendisch gesprochen haben.

Raddusch gehört mit den oben genannten Dörfern zum Kirchspiel Vetschau-Land. Dafür gab es die wendische Kirche in Vetschau, die baulich durch eine gemeinsame Sakristei eng mit der deutschen Kirche verbunden ist. Die Bauernfamilien fuhren zur Winterzeit per Pferdeschlitten und im Sommer mit der Kutsche dorthin zu ihrer Kirche.

Vor dem Ersten Weltkrieg war Raddusch ein sehr reiches Bauerndorf, was sich auch in der Tracht widerspiegelte. Die Bauern wollten mit ihren Frauen in der schönen Tracht repräsentieren und auffallen. Etwas Besonderes unter den Trachten im Spreewald war hier, dass die Frauen statt der üblichen Schürzenbänder breite Perlengürtel getragen haben.[1]

Auf die Vorbereitung und Durchführung einer wendischen Hochzeit wurde großer Wert gelegt. Sie war ein Statussymbol für die beteiligten Familien. Große Aufmerksamkeit wurde dabei auf die Hochzeitstracht gelegt; besonders festlich waren dabei die Trachten der Braut und der Brautjungfern.

Bei den Hochzeitstrachten vor 1914 hatten die weißen Kinnschleifen und Taillenbänder der Braut blaue eingewirkte Muster. Die Brautmütze entsprach in ihrer Form der bis um 1880 um Lübbenau gebräuchlichen, bestand aber aus Batist, auf der eine Art Myrtenkranz aufgesteckt war.

Bei den Mützen der Brautjungfern bestand das Kopfteil aus besticktem Tüll und nur die Halskrausen aus mit Spitzen besetztem Batist. Sie waren mit zahlreichen Glasperlen als Schmuck versehen. Zum Tanz später trugen die Mädchen über der Seidenschürze eine weiße Tüllschürze, die vielfach mit schwarzen eingestickten Mustern und Pailletten verziert war.

Von großem Vorteil für die Radduscher war, dass es um 1900 mehrere

1) Vgl.: Manfred Kliche: Die Radduscher Tracht, Stog 2019, S. 96–101

Abb.: Sammlung Manfred Kliche

*Braut in Raddusch um 1900*

Trachtenschneider im Ort gab. Einer der bekanntesten war Wilhelm Klauk, der seine Trachten sogar bis nach Amerika an die vielen Auswanderer aus dem Spreewald lieferte.[2]

Die Anziehfrauen waren (und sind) wichtige Akteure beim Anlegen der Tracht. Ihre geschickten Hände waren gerade in der Vorbereitung der Braut und der Brautjungfern unverzichtbar. Die Anziehfrau Anna Knappe war hier eine der gefragtesten. Man nannte sie in der ganzen Umgebung die Haubenbinderin mit den „goldenen Händen".

Eine andere wichtige Rolle bei der Vorbereitung und Durchführung der wendischen Hochzeit spielte der Hochzeitsbitter, der Pobratsch/póbratš. Er war sozusagen der Zeremonienmeister einer wendischen Hochzeit.[3]

Auch während der Hochzeit war der Hochzeitsbitter tätig. Er führte den Hochzeitszug an, das heißt, er geleitete die Hochzeitsgesellschaft zu den Kutschen und geschmückten Wagen, mit denen die Gesellschaft zur Kirche nach Vetschau zur Trauung fuhr.

Auch während der Mahlzeit waltete der Hochzeitsbitter eifrig seines Amtes. Er erschien gewissermaßen als Speisemeister und durfte als solcher nicht bei Tische sitzen. Er ging auf und ab, beaufsichtigte die Bedienung, kostete von Speisen und Getränken und sorgte durch allerlei Späße für die Erheiterung der Gäste.

Um Mitternacht erfolgte unter Gesang eines Liedes die Abnahme des Brautkranzes. Nach einer Rede des Hochzeitsbitters wurde der Brautkranz in die Höhe geworfen und die jungen Mädchen versuchten, den Brautkranz zu erhaschen. Es hieß, das Mädchen, welches den Brautkranz als Erstes fängt, werde die nächste glückliche Braut.

Nachdem der Hochzeitsbitter das neuvermählte Paar von den Gästen verabschiedet hatte, war seine Hauptarbeit erledigt, und auch er konnte mit den Gästen weiter feiern.

2) Vgl.: Manfred Kliche: Vom Spreewald in die Neue Welt, Stog 2018, S. 33–34

3) Siehe auch Kalenderblätter S. 7–17

Abb.: Sammlung Manfred Kliche

*Eine wendische Hochzeit in Raddusch vor dem Ersten Weltkrieg*

Wie zu dieser Zeit eine große wendische Bauernhochzeit gefeiert wurde, geht aus einem Zeitungsartikel vom 13. März 1914 aus den „Vetschauer Nachrichten“ hervor. Der Beitrag berichtete über die Hochzeit von Anna Sellest mit dem Bauerngutsbersitzer Buchan.

Die kirchliche Trauung fand am Dienstagnachmittag zwei Uhr in der wendischen Kirche statt. Der Hochzeitszug, bestehend aus fünf festlich geschmückten Wagen, habe auch bei den Bewohnern Vetschaus berechtigtes Aufsehen erregt, umso mehr, als der Bräutigam in der „schmucken Uniform der Gardemaschinengewehr-Abteilung in Berlin“ die Zuschauer beeindruckte.

Wegen des drohenden Regenwetters fuhr man sofort nach Beendigung der Trauung nach Raddusch zurück zur Hochzeitstafel, die inzwischen bei den Eltern der Braut hergerichtet war. Nach dem Hochzeitsessen begab man sich zum Tanz in den festlich dekorierten Böttcherschen Saal.

Vom Ansehen und der Beliebtheit der beiden Familien habe „die ungeheure Teilnahme der Bevölkerung“ gezeugt. Nicht nur aus Raddusch, auch aus Kahnsdorf, Groß-Lübbenau, Boblitz, Stradow, Naundorf und aus Burg seien Freunde und Bekannte zur Beglückwünschung angereist. Der große

Saal sei bis auf den letzten Platz gefüllt gewesen.

Um die Größe der Feier zu veranschaulichen, berichteten die „Vetschauer Nachrichten", dass vier Schweine, zwei Kälber und zwei Rinder geschlachtet und außerdem noch ein Zentner Karpfen und zwei Rehböcke geliefert worden seien. Zum Kaffee „wurden 80 Napfkuchen und 130 Blechkuchen verbraucht". Über den Konsum der Getränke sei „Näheres nicht bekannt geworden, es dürfte aber gewiss in einem Verhältnis zu den verzehrten Speisen gestanden haben", hieß es weiter.

Wie man anhand dieses Zeitungsartikels aus dem Jahr 1914 sehen kann, wurde auch schon früher ausgiebig und deftig im Spreewald gefeiert.

Noch recht optimistisch schloss der Zeitungsbeitrag: „Da der junge Ehemann alsbald zur Erfüllung seiner Militärdienstzeit nach Berlin zurückkehren musste, wird das junge Ehepaar erst im folgenden Jahr Gelegenheit finden, die Flitterwochen zu feiern."

Die Hochzeit wurde Anfang März gefeiert. Das junge Paar hatte nur noch wenige Tage für sich, denn am 1. August 1914 erklärte das Deutsche Reich Russland und am 3. August 1914 den Franzosen den Krieg. Es war der Beginn des Ersten Weltkrieges.

Soweit bekannt ist, musste der Bräutigam in den Krieg und soll aus diesem nicht zurückgekehrt sein. Auch soll es aus dieser Beziehung keine Nachkommen gegeben haben.

Aller Glück- und Segenswünsche bei der Hochzeit zum Trotz erlitt diese junge Ehe ein sehr tragisches Ende.

Die Hochzeitstrachten veränderten sich nach dem Ersten Weltkrieg grundlegend. Die Mützen wurden abgelegt, aber nicht wie im übrigen Trachtengebiet durch das Kopftuch ersetzt. Hier legte man der Braut und den Brautjungfern den Jungfernkranz direkt auf das Haar, welches schon vielfach onduliert wurde.

Lediglich die sogenannte „nicht ehrbare" Braut musste in der Abendmahltracht mit dem Kopftuch ohne Kranz zur Trauung gehen. Das waren oft junge Frauen, die schon Mutter waren.

In den Jahren 1935 bis 1937 heirateten noch Anna Lehmann, verheiratete Konzack, und Lina Konzack, verheiratete Wetzk in wendischer Tracht.

Als letzte wendische Braut wurde in Raddusch Anna Richter, verheiratete Sallmann, am 18. März 1939 getraut.

Quellen:

Manfred Kliche: Ortschronik von Raddusch

Das Spreewalddorf Raddusch, Domowina Verlag Bautzen 1994, Seite 34 und 36

Ewald Müller: Aus der Niederlausitzer Wendei, Band III von 1925, Albert Heine Buchdruckerei Cottbus

# Gelbe Suppe, legendär und fast vergessen

## Aus der Erinnerung von Frauen aus Guhrow/Góry gekocht

Erna Koppermann, Edeltraud Radochla

In den traditionellen wendischen Menüs zu Hochzeiten, aber auch zu anderen großen Familienfeiern in der Niederlausitz mit dem Spreewald, taucht immer wieder die „Gelbe Suppe“ auf. Doch die Suche in einschlägigen Kochbüchern – Fehlanzeige. Wer kennt noch das Rezept?

Erna Koppermann aus Guhrow/Góry hat nach den Erinnerungen von Anna Kappo, Marie Bossan und Anna Schilka aus dem gleichen Ort die Suppe nachgekocht und solange probiert, bis der altbekannte Geschmack wieder zum Vorschein kam.

Zu den Zutaten allgemein gehören Wasser, Mehl, Milch, Eier, Zitrone (ungespritzt), Salz, Zucker, Sultaninen, Butter und Gewürze, wie Nelken, Zimt, Piment und Safran. Alles je nach Bedarf und Größe der Gästeschar.

Abb.: Edeltraud Radochla

Zum Beispiel – vielleicht für zehn bis zwölf Personen – werden etwa zwei Liter Wasser zum Kochen gebracht, 150 bis 200 Gramm Mehl und eine Prise Salz hineingerührt und verquirlt, bis keine Klumpen mehr zu sehen sind.

Daneben werden die Gewürze – ein bis zwei Stangen Zimt, drei Pimentkörner, etwa 20 Nelken – zerstoßen und zusammen mit einer Prise Safran und einer halben Zitrone in Scheiben in etwas Wasser 15 bis 20 Minuten gekocht. In einem weiteren Topf kochen ebenso lange 250 Gramm Sultaninen.

Dann wird ein Liter Milch gekocht und wieder etwas abgekühlt. Währenddessen trennt man sechs bis acht Eier. Das Eigelb kommt in einen großen Suppentopf, das Eiweiß wird beiseitegestellt und kann später aufgeschlagen als Eischnee zum Verfeinern dienen.

Das Eigelb wird mit einem Schneebesen oder Quirl schaumig gerührt, etwa 50 Gramm Butter kommen noch dazu. Dann wird unter ständigem Rühren die nur noch warme Milch zugefügt, anschließend die Mehlsuppe durch ein Sieb dazugegeben.

Nun kommen auch die Gewürze hinein. Dazu gießt man den ausgekochten Sud von den Gewürzen durch ein Sieb in die Suppe. Die Sultaninen wer-

*Erna Koppermann am Herd: zuerst die Mehlsuppe klumpenfrei rühren, daneben kochen die Sultaninen und die Gewürze*

den abgegossen und dazu gegeben. Die Schale von einer Zitrone, deren Saft und der von der restlichen halben kommen hinein und alles wird mit einem Esslöffel Zucker abgeschmeckt.

Die Suppe wird lauwarm oder kalt serviert. Dazu streut man in Butter gerösteten Zwieback oder Weißbrotwürfel darüber. Ebenso kann der Eischnee jetzt Verwendung finden.

Das Rezept aus Guhrow führt zu einem interessanten fruchtig-exotischen Geschmack.

Vielleicht gibt es in anderen Orten ebenfalls noch Menschen, die sich an ein Rezept erinnern, nach dem bei ihnen diese Suppe gekocht wurde, die beim Erzählen doch immer so in aller Munde ist.

Denn ein völlig anderes Rezept für eine „Gelbe Suppe" befindet sich im Fundus des Wendischen Museums/ Serbski Muzej in Cottbus. Dort heißt es in einem alten Rezeptdruck:

„Hühnerfleisch mit Zwiebel, Piment, Lorbeerblatt, Möhre und Sellerie in Salzwasser kochen. Das Fleisch herausnehmen und die Brühe durch einen Durchschlag gießen. Inzwischen Hirse in Salzwasser garen, abgießen und durch einen Durchschlag streichen. Das Fleisch von den Knochen lösen, zerkleinern und mit der Hirse wieder in die Hühnerbrühe geben. Reichlich verquirltes Ei untermischen und das Ganze aufkochen lassen. Mit Salz und Muskat abschmecken und vor dem Servieren mit Küchenkräutern bestreuen."[1]

In welchem Dorf mag diese „Gelbe Suppe" wohl gegessen worden sein?

1) Folie mit Kopie aus einem Vortrag von Christina Kliem, Kuratorin am Wendischen Museum Cottbus / Serbski Muzej Cóśebuz im Rahmen des heimatkundlichen Studientages der Schule für Niedersorbischen Sprache und Kultur zum Thema „Wendische Hochzeit" im Oktober 2020

# Das Leben ist wie eine Eiche

## Die lange Ehe von Ruth und Helmut Weiß aus Boblitz/Bobolce

Bernd Marx

Für Ruth und Helmut Weiß aus Boblitz/Bobolce war das Eheleben wie eine „Eiche". Dieses Symbol hatten sie täglich vor Augen. Auf ihrem Hof steht die mächtigste und vielleicht auch älteste Eiche von Boblitz. In ihrem über 63-jährigen gemeinsamen Eheleben haben Ruth und Helmut miterlebt, wie der etwa 300-jährige Baum Wind und Wetter, Hitze und Kälte, Sturm und Frost getrotzt hat. So, wie Ruth und Helmut die guten und weniger guten Stunden und Tage im gemeinsamen Leben gemeistert haben.

Ruth Weiß erinnert sich an ihre Hochzeit, die 1954 ganz typisch für eine Hochzeit im Spreewald gefeiert wurde.

Abb.: Bernd Marx

Ruth Doring, so ihr Geburtsname, wurde im August 1932 in Boblitz geboren. Ihr Vater Willi Doring war Landwirt und im Ort der Standesbeamte. Die Mutter war Pauline Doring, geborene Kulligk. Sie führten eine ansehnliche Landwirtschaft, die die Familie gut und ausreichend versorgte.

Ruth wuchs mit den beiden Schwestern Charlotte und Rosemarie in Frieden und Zufriedenheit auf. Ihr Leben schien vorgezeichnet zu sein, wie das Leben so vieler Mädchen in den Spreewalddörfern – wenn da nicht der Zweite Weltkrieg mit all seinen Folgen gewesen wäre.

Ruth erlebte die Einnahme, die Befreiung und die Besetzung ihres Heimatdorfes am 19. April 1945 als 13-Jährige. „Wir hatten uns zwar eine Bretterbude als Versteck im Spreewald errichtet, aber zum Melken und Füttern der Kühe mussten wir doch täglich ins Dorf zurück", so die heutige Rentnerin.

Auf dem Grundstück der Familie Doring wurde die Kommandantur der Roten Armee errichtet. Fortan hatte ihre Familie 40 durch die Rote Armee im Dorf beschlagnahmten Kühe zu melken und für den kleinen Armeetrupp der sowjetischen Streitkräfte Brot und Plätzchen zu backen. Ausschreitungen, wie sie in anderen Orten vorkamen, sind aus Boblitz nicht bekannt.

Über zwölf Millionen Flüchtlinge aus den einstigen Gebieten östlich der Neiße und Oder mussten ihre angestammte Heimat in den Jahren 1945 bis 1947 für immer verlassen. Fast jeder zweite Einwohner in den Spreewalddörfern war zum damaligen Zeitpunkt ein Flüchtling. Zu ihnen gehörte auch der damals 13-jährige Helmut Weiß, der im Jahr 1932 in Buchendamm bei Glogau (heute Buczyna) geboren wurde. Die Flucht verschlug ihn und seine Großmutter Berta Weiß nach Boblitz. Über das Schicksal seiner Eltern während der Flucht aus Buchendamm erzählte Helmut nie etwas …

Nach dem Abschluss der Schule ging Helmut bei einer Boblitzer Familie in „Stellung", wie man damals ein Arbeitsverhältnis auf dem Lande bezeichnete. Wichtig war damals einzig und allein, sich selbst und seine Großmutter zu versorgen.

Die Jugendlichen des Dorfes lernten sehr schnell ihre Altersgefährten unter den Flüchtlingen kennen, die langsam hier ihre Heimat fanden. Man begegnete sich in der Schule, auf den Feldern oder im dörflichen Alltag.

Allmählich zog auch wieder „friedliche" Normalität in Boblitz ein. Es gab die ersten Tanz- und Kulturveranstaltungen, Reiterfeste, Fastnachten und Vergnügungen. So lernten sich auch Ruth und Helmut bei diesen Dorffesten näher kennen. Sie verliebten sich und waren sich eines Tages einig, dass sie gemeinsam ihren weiteren Lebensweg beschreiten wollten.

Die Hochzeit war für Anfang Januar 1954 vorgesehen. Da es zahlreiche Dinge des täglichen Bedarfs nur auf „Marken" gab, musste viele Waren im Voraus geplant und gesammelt oder getauscht werden.

Das Hochzeitskleid, der Anzug des Bräutigams, Hemden, Schuhe, Kosmetikartikel, Alkoholwaren, Kaffee, Kakao, Zigaretten, Süßigkeiten und Zutaten für die Torten und Kuchen (Mandeln und Rosinen) wurden aus den Westsektoren von Berlin geholt. Dazu wurden Lebensmittel aus dem Familienbetrieb teilweise im Westen eingetauscht.

Da man selbst eine Landwirtschaft hatte, konnte man die übrigen Lebensmittel für das Festessen, Suppen, Torten und Kuchen aus eigenen Beständen an Mehl, Fleisch, Wurst, Kartoffeln, Butter, Schmalz, Eier, Milch, Gemüse und Obst bereitstellen. Für das Hochzeitsfest wurden ein Schwein, ein Kalb und zahlreiche Hühner und Enten vom eigenen Familienunternehmen geschlachtet. Fische für die beliebten Spreewälder Fischgerichte und Soßen wurden selbst gefangen oder eingetauscht. Frauen aus dem Dorf halfen beim Backen sowie bei der Vorbereitung und der Herstellung der Speisen.

Am 8. Januar 1954 wurde Polterabend im Hause der Familie Doring gefeiert. Angehörige und Freunde der beiden Familien, Arbeitskolleginnen und Arbeitskollegen, hauptsächlich aber die Jugend des Dorfes hatten sich eingefunden. Die Dorfjugend hatte die Hochzeitspforte und die Festgirlanden für das Brautpaar angefertigt. Traditionsgemäß wurde auch „gepoltert", das heißt, es wurde einiges an Porzellan und Steingut beim Betreten des Hauses zerschlagen. Glas kommt beim Polterabend grundsätzlich nicht zum Einsatz, da es Unglück und Pech in der zukünftigen Ehe bedeutet.

„Der Polterabend wurde ausgiebig, aber nicht ausschweifend gefeiert", so Ruth Weiß, die den Tag noch in guter Erinnerung hat. Es gab Schweinebraten, dazu wurden Bier und Schnaps gereicht. Zu später Stunde wurden noch Kaffee und Kuchen sowie belegte Brötchen und Schnitten aufgetischt.

Am Samstag, dem 9. Januar 1954, folgte die Hochzeit. Mit dem Auto wurden das Brautpaar und die Hochzeitsgesellschaft zum Standesamt in die Lübbenauer Schulstraße gefahren. Die Trauung fand um 10 Uhr statt. Eine Stunde später wurde das Brautpaar in der Nikolaikirche kirchlich getraut. Ruth trug ein blaues Brautkleid. Da Ruth zu dieser Zeit mit der gemeinsamen Tochter Evelyne bereits schwanger war, war es ihr nach der Tradition untersagte, in „Weiß" zu heiraten. Für sogenannte „gefallene" Mädchen gab es die Farbe „Blau".

Als die jungen Eheleute gegen 12 Uhr wieder ihr Heimatdorf Boblitz erreicht hatten, wurden sie von Kindern und Jugendlichen erwartet, welche die „Hochzeitsgirlande" hielten und ihnen den Zugang zum Wohnhaus versperrten. Erst als das junge Brautpaar und ihre etwa 30-köpfigige Festgesellschaft ihnen ein paar Münzen zu-

Abb.: Sammlung Familie Weiss

warfen, wurde der Weg zum Wohnhaus freigegeben.

Die „Gute Stube" im Wohnhaus der Familie Doring war zum Festsaal der Hochzeit von Ruth, nun Frau Weiß, und Helmut Weiß ausgeschmückt worden.

Der Hochzeitsschmaus wurde mit einer Hochzeitssuppe (Eierflockensuppe) eingeläutet. Es folgten Schweinebraten, Kalbsbraten, Entenbraten und Hecht in der traditionellen und beliebten Spreewaldsoße. Zum Trinken wurden Bier, Wein und alkoholfreie Getränke gereicht. Als Dessert standen Kompott und verschiedene Puddings auf dem Tisch, wie Vanillepudding mit Himbeersoße und Schokoladenpudding mit Vanillesoße.

Nach dem Festessen, obgleich der Übergang vom Festessen zum Kaffeetrinken gegen 15 Uhr, zum Abendbrot gegen 18 Uhr und zum Nachtmahl gegen 21 Uhr fließend war, wurden die zahlreichen Hochzeitsgeschenke von der Festgesellschaft begutachtet.

Dem jungen Brautpaar waren Service, Besteckkästen und Gläserkollektionen sowie Dinge des täglichen Haushaltsbedarfes (Küchengeräte, Bettzeug, Handtücher, Decken) im geschätzten Wert von etwa 2.000 Mark als Hochzeitsgeschenk überreicht worden. Der Wert entsprach etwa zehn Monatsgehältern eines Industriearbeiters in jener Zeit. Es war neun Jahre nach Kriegsende. Durch die Zuteilung von Versorgungsmarken auf Nahrungsmittel, Gebrauchsgüter, Kohlen sowie Anmelde- und Wartefristen für viele Dinge waren diese Geschenke nicht ohne Weiteres zu beschaffen gewesen.

Es gab lustige und interessante Gespräche während der gesamten Feier. Die Themen waren vielseitig, weil sich viele der anwesenden Gäste seit geraumer Zeit nicht gesehen hatten. Auch wurde der berühmt-berüchtigte „Dorftratsch" ausgetauscht, da mangelte es nicht an Gesprächsstoff.

Zum Kaffeetrinken wurden Torten und Kuchen aufgetischt. Zahlreiche Blechkuchen waren für die vielen Freunde und Bekannten im Dorf gebacken worden. Diese Kuchen wurden in den nächsten Tagen verteilt. Es gab Quarkkuchen (Käsekuchen), Butter-Streuselkuchen, Mohnkuchen sowie zahlreiche Obstkuchen. Dazu wurde das Eingeweckte aus den Sommermonaten verwendet: Stachelbeeren, Johannisbeeren, Himbeeren, Äpfel, Birnen, Pflaumen, Kirschen, Pfirsiche.

Zum Abendessen gab es warme Gerichte, die bereits zur Mittagszeit auf dem Tisch standen. Dazu gab es Frikassee mit Brötchen sowie belegte Schnitten. Es gab Kartoffelsalat mit Würstchen und Eier sowie saure Gurken und Gewürzgurken vom Fass. Es wurden dazu Bier, Wein und alkoholfreie Getränke gereicht.

Zu später Stunde wurden noch einmal Kaffee und Kuchen sowie eine „kalte Platte" mit allerlei Köstlichkeiten aufgetischt. Was bei einer vorherigen Mahlzeit nicht verspeist worden war, wurde beim nächsten Gang nochmals aufgetragen. Die damalige Zeit ließ es nicht zu, Nahrungsmittel zu verschwenden oder zu vernichten. Auch ein bäuerlicher Haushalt machte da keine Ausnahme, da es ein staatliches Abgabensoll auf landwirtschaftliche Produkte wie Fleisch, Milch, Eier, Kartoffeln und Gemüse für die Wirtschaft gab.

Mit einem geselligen Umtrunk und unterhaltsamen Gesprächen nahm die Hochzeitsfeier ihren Fortgang bis weit über Mitternacht hinaus. Ein gemeinsames Frühstück mit allen Hochzeitsgästen beendete am Sonntagmorgen die Hochzeit von Ruth und Helmut Weiß. Ein Großteil der Hochzeitsgäste trat am Sonntagvormittag die Heimreise an.

Mit der Geburt der Töchter Evelyne (*1954) und Elke (*1956) war das Familienglück perfekt.

Ruth arbeitete später in der Landwirtschaftlichen Produktionsgenossenschaft (LPG) Typ I Boblitz/Groß Lübbenau sowie in der Vermarktungshalle der LPG Pflanzenproduktion in Groß Beuchow. Helmut war in einem Betrieb für Melioration beschäftigt. Nebenbei fuhr er für die Touristen Kahn. Beide setzten sich bis ins hohe Alter für die Wahrung und Pflege des niedersorbischen/wendischen Brauchtums ein. Während Ruth der Jugend zeigte, wie die „Puppen" der einzelnen Getreidearten fachgerecht aufgestellt und niedersorbische/wendische Gerichte und Speisen hergestellt werden, zeigte Helmut der heranwachsenden Jugend den Umgang mit der Sense, das Fahren mit dem Spreewaldkahn und das fachliche Sichern der Uferzonen mit Faschinen.

Ruth und Helmut erlebten 2014 die Feier der „Diamantenen Hochzeit" im Kreis ihrer recht großen Familie. An der Festtafel nahmen mittlerweile die beiden Kinder, vier Enkelkinder und sechs Ur-Enkelkinder Platz.

Im August 2016 wurde noch ein letztes gemeinsames Familienfoto der Familien Weiß/Jedro/Koschmann aufgenommen. Helmut Weiß verstarb im Jahr 2017 und wurde auf dem Friedhof in Boblitz beigesetzt.

ABB.: BERND MARX

# Kriegsflüchtlinge im Spreewald

## Drei Schicksale

Ursula Schmidt

### Elisabeth

Mein Name ist Elisabeth S., geboren 1931 im ehemaligen Göhren, dem heutigen Gorzyn, in Polen. Das liegt bei Lubsko. Die Eltern hatten dort eine kleine Landwirtschaft. Während des Krieges war die Mutter dafür zuständig, mein Vater war im Armeelazarett. Dort hatte er sich einige Brocken Russisch angeeignet, was sich später als vorteilhaft erweisen sollte.

Beim Herannahen der Front im Februar 1945 wurden im Dorf Pferdewagen gepackt und im März bei eisiger Kälte zog der Treck in Richtung Oder, also ins sogenannte Reich. Auf dem Wagen waren die Habseligkeiten mehrerer Familien verstaut. Ich, meine Mutter und meine kleinere Schwester schoben unsere Fahrräder daneben her. Im Tumult der Oderüberquerung gingen Pferd und Wagen verloren, und man behalf sich mit einem herumliegenden Handwagen. Viel hatten wir nun nicht mehr. Der Treck führte bis Straußberg bei Berlin. Dann wurden die Familien verteilt und per Zug nach Schönwalde geschafft. Dort besuchte ich den ersten Schulunterricht nach der Flucht.

Als Vati bald nach Kriegsende wieder zur Familie zurückkehrt war, konnte er sich mit den russischen Soldaten etwas verständigen und mit kleinen technischen Reparaturen für eine Verbesserung der Lebensverhältnisse sorgen.

Dann beschlossen mehrere Familien, dass sie wieder in ihre Heimat zurückkehren wollten. Der Vati bastelte aus alten Kinderwagen- und Handwagenteilen eine größere Karre. Mit den wenigen Dingen, die wir noch hatten, zogen wir zu Fuß nach Osten. Wir lasen unterwegs ein, was wir noch gebrauchen konnten. Wir mopsten halb reife Früchte, Kartoffeln und scheuten uns nicht zu betteln. Manch ein Bauer gab was, andere versagten uns sogar das Trinkwasser. Geschlafen haben wir in Scheunen, so sie noch ganz oder nicht voll von anderen Flüchtlingen waren. Auch in Gebüschen und im Straßengraben lagerten wir, hatten wir doch unsere Wintersachen gerettet und Decken im Wald bei Halbe gefunden. Russische Soldaten gaben uns Mädchen manchmal von ihrem Essen ab.

Ende Mai kamen wir in Göhren an. Das Haus war gefüllt mit circa 40 Fremdarbeitern, Ukrainern, Polen. Es war praktisch ausgeräumt, völlig verdreckt und der Garten zerstört. Meine Schwester und ich wurden von einer Kommandantur zum Kartoffelschälen einbestellt.

Mitte Juni mussten wir binnen weniger Stunden dann endgültig raus. Ich versteckte noch eine gerettete Speckseite im Puppenwagen meiner Schwester, Vati legte wichtige Papiere dazu. So zogen wir mit der selbst gebauten Karre und zu Fuß wieder nach Westen. In Forst übernachteten wir in einer zerstörten Villa und fanden, welch Glück, im Keller einige alte Kartoffeln. Drei Wochen später waren wir bis Reuden bei Calau gelangt. Wir quartierten uns in einer Feldscheune ein, gingen betteln, sammelten von den abgeernteten Feldern noch liegen gebliebene Ähren. Unsere Mutter verdingte sich bei Bauern und Vati, der auf Krücken ging, machte wieder kleine Reparaturen. Vom Rapsfeld stibitzten wir schon reife Körner und irgendwer presste daraus begehrtes Öl.

Anfang August zogen wir dann bis nach Burg. Zunächst quartierten wir uns bei einem Kaufmann ein, der uns in der Waschküche übernachten ließ. Hier haben wir uns mit Typhuserregern infiziert. Einige Zeit darauf zogen wir weiter nach Werben, wohnten in einem Keller. Mutter hatte in Müschen Arbeit bei Bauern gefunden. Diese waren sehr freundlich und gaben öfter ein Vesperbrot mit. Vati mähte für die Mühlenbesitzerin, deren Mühle zerstört war, das Futter für die Kuh und wurde dafür mit Milch bezahlt. So konnten wir auch Quark machen. Eine gefundene Kaffeemühle machte die Mehlherstellung aus den gelesenen Ähren möglich.

Durch die Typhuserkrankung kamen zuerst meine Schwester und ich, dann auch Vati in die Schlossschule in Werben, die als Krankenhaus eingerichtet war. Es gab sehr viele Todesfälle. Die Toten wurden im sogenannten Waldfriedhof, nicht im Ort, beigesetzt. (Foto)

Im Haus der Mühlenbesitzerin hatten wir neben anderen Flüchtlingen

Abb.: Kerstin Möbes

ein Zimmerchen, später eine winzige Küche bekommen. 1959 zogen Mutti und Vati in den ehemaligen Pferdestall beim Schloss. Hier räumte er sich eine kleine Werkstatt ein und reparierte unterschiedlichste Dinge.

1976 erwarben mein Mann und ich ein Gebäude, in dem bis dahin der Leichenwagen abgestellt war, und bauten es zum Wohnhaus um.

**Anneliese**

Ich bin Anneliese M.* und werde aus der Erinnerung meiner Eltern und größeren Geschwister erzählen. Ich selbst bin erst 1947 im Spreewald geboren und habe die Flucht nicht erlebt.

Meine Eltern hatten einen kleinen Bauernhof in Oberzauche/Niederzauche, dem heutigen Sucha Dolna, damals im Kreis Glogau, heute Głogow. Neben zwei Kühen hatten sie auch ein Pferd. Das Leben spielte sich in einer großen Wohnküche ab, in der ein gesetzter Küchenherd stand. Diesen Raum konnten meine Kinder und ich bei den jetzigen polnischen Bewohnern vor einigen Jahren besichtigen.

Die Familie, das waren Mutti und vier Geschwister; Vati war in französische Kriegsgefangenschaft geraten.

Ende Februar 1945 war mit den anderen Verwandten noch einmal das Schlachten angesagt. Mittendrin kam die Anordnung zur Flucht und sie packten alles notwendige Zeug auf ein Pferdegespann. Obenauf die schwerbehinderte Schwester. So ging es bis zur Oder. An der Oder mussten sie den Wagen stehengelassen und das wirklich Allernötigste auf einen Handwagen laden. Obenauf saß wieder die behinderte Schwester.

Über verstopfte Straßen und Feldwege gelangte der Treck nach Briesen bei Cottbus und wurde in das im Wald befindliche ehemalige Kriegsgefangenenlager einquartiert. Monate später erfolgte die Einweisung in eine Behausung auf dem Dachboden eines Bauernhauses in W. Dort auf dem Dachboden bin ich 1947 zur Welt gekommen.

1946 war Vati aus der Gefangenschaft zurückgekehrt und hatte eine Arbeit bei der Bahn angenommen. Mutti betreute die anwachsende Kinderschar. Die Kinder sammelten Ähren, bettelten auch bei den Bauern. Manche gaben ihnen, andere vertrieben sie vom Hof.

1950 zog die große Familie auf einen Teil des Wirtschaftshofes des ehemaligen Gutes. Zwei Räume, also Stube und Küche, hatten sie nun. 1951 zogen die russischen Bewohner des anderen Gutsteils weg, und Vater konnte deren Anteil erwerben und eine kleine Landwirtschaft führen.

Als ich dann in W. in die Schule kam, war ich dort das einzige Flüchtlingskind in der Klasse. Das war nicht immer ganz leicht. Unsere Familie wuchs noch um zwei weitere Kinder. Ein staatliches Kindergeld gab es zur Anfangszeit nicht, erst bei meiner jüngsten Schwester 1955 wurde es als Hilfe gezahlt.

** Name geändert*

**Hildegard**

Mein Name ist Hildegard F*. Ich bin 1941 in Sorau, dem heutige Żary in Polen, geboren. Meine Eltern hatten ihre Arbeit in den Focke-Wulff-Werken, einem Zuliefererbetrieb für Flugzeugteile. Mutti hat dort richtig Ärger bekommen, weil sie einer polnischen Frau selbst gestrickte Socken geschenkt hatte. Sie durfte aber weiter dort arbeiten.

Die Eltern wohnten in einer Mietwohnung und sparten für ein Häuschen in der entstehenden Werkssiedlung. Das Werk und das entstehende Wohngebiet wurden 1944 bombardiert und zerstört. Ich kann mich noch ganz schwach an die riesigen Flammen erinnern.

Dann wurde eine Übersiedlung nach Bremen zu Verwandten geplant. Große Kisten wurden gepackt und bei der Reichsbahn abgegeben. Den abfahrbereiten Zug sprengten die zurückweichenden deutschen Soldaten in die Luft. So hatten wir alles verloren. Mutti packte in den Kinderwagen, in dem mein kleiner Bruder lag, noch einige Sachen, und dann zogen wir los. Inzwischen waren die Russen schon an Sorau vorbei und wir schwammen im Strom der Armee mit in Richtung Oder. Unterwegs lagerten wir im Wald, wo uns Insekten peinigten.

Mich schickte Mutti manchmal zu den russischen Soldaten, Brot zu erbetteln. Sie waren freundlich zu mir, und einer gab sogar eine Flasche Milch für uns Kinder.

Natürlich holte auch ich mir den Typhus und kam in Werben ins Krankenhaus. Mutti und der Bruder wohnten derweil mit mehreren Familien im größten Raum des Schlosses Bomsdorf, der irgendwie aufgeteilt war. In diesem Raum feierten wir das Weihnachtsfest.

Aus Fürsorge um die Kinder übernahm Mutti Hilfsarbeiten, Wäschewaschen und Reinigungsarbeiten bei Bauern. Viele Bauern wollten ihre Vorteile daraus schlagen und luchsten manchem Flüchtling so alles Wertvolle noch ab. Später wurden die Bauern zur Aufnahme der Flüchtlingsfamilien verpflichtet. So kamen wir in das Haus einer alten Bäuerin. Sie war sehr freundlich und hilfsbereit zu uns. Die gerade geschlüpften Küken waren eine Freude für mich. Bei einem anderen Bauern dagegen kamen wir in eine zugige, kalte Bude, mit der wir vorliebnehmen mussten.

Mutti übernahm das Heizen und die Reinigung der entstandenen Berufsschule im ehemaligen Schloss Schönfeldt, und wir konnten dorthin umziehen.

1948 wurde ich in Werben eingeschult. Ich hatte immer und bis heute einen guten Kontakt zu den Mitschülern.

Von unserem Vater haben wir nie wieder etwas erfahren. Ihn hat der Krieg, so wie viele andere verschlungen.

** Name geändert*

Quelle: Aufzeichnungen nach Gesprächen mit den genannten Frauen

## Ein Kind wird geboren

Wir schreiben das Jahr 1945. Der unselige Krieg nähert sich seinem Ende. In den ersten Tagen des neuen Jahres wandert bei Schnee und Eis eine kleine Gruppe, eine hochschwangere Frau, ihr erwachsener Bruder und ihr zwölfjähriger Sohn die vier Kilometer von einer kleinen Siedlung am Rande des Spreewaldes zur nächsten Stadt. Jetzt, kurz vor Mitternacht, wirken die dunklen Straßen der Kleinstadt wie ausgestorben. Es herrscht klirrende Kälte.

Immer wieder zwingen die Wehen die Gruppe zum Halt. Zitternd und stöhnend hält die Frau inne. Ist es die Kälte oder die Aufregung, die die Frau zum Beben bringt? Sie müssen in die Weststraße zu ihren Schwiegereltern. Bis dahin muss sie es unbedingt schaffen. „Lauf schon immer zur Hebamme und benachrichtige sie“, schickt sie ihren Sohn los.

Endlich ist es geschafft. Als die Frau und ihr Bruder bei den Schwiegereltern eintreten, lässt wieder eine Wehe die Schwangere vor Schmerzen stöhnen.

„Was is‘n“, fragt der Schwiegervater. „Haste die Kneipe“? Doch die Schwiegermutter schiebt ihn zur Seite und ihre Schwiegertochter ins Schlafzimmer. Kaum liegt die junge Frau im Bett, bemüht sich der neue Erdenbürger von selbst in diese Welt. Es ist ein Mädchen. Erleichtert und glücklich hält die junge Frau ihr Baby im Arm, als die Hebamme ins Zimmer tritt.

„Na, so gefällt ihnen das, nicht wahr?“, strahlt sie die Eintretende an. „Nein, ganz und gar nicht.“ Die Hebamme nimmt das Kind und gibt ihm ein paar Klapse auf den Po. Das Kind spuckt, spuckt Schleim, dann kommt der erste Schrei. Nun erst kann das neue Leben beginnen. Wer weiß, was es so alles für den kleinen Neuankömmling bereithält.

*Ingrid Groschke*

# Hansko, hol mir mal Wasser

## Alltag im Niederlausitzer Kolkwitz/Gołkojce nach dem Zweiten Weltkrieg

Hans-Hermann Schneider

### Als wieder Frieden war

Nach dem Ende des Zweiten Weltkrieges gestaltete sich das Leben in unseren heimatlichen Dörfern in ähnlicher Art und Weise wie in der Vorkriegszeit und hatte seit der Jahrhundertwende zunächst wenig Veränderung erfahren.

Es gab aber zerstörte Wohnhäuser, Stallungen und Scheunen. Die Unterkunft und die Verpflegung der vielen Ostflüchtlinge waren problematisch, vor allem die Unterbringung in den Wohnräumen der Hausbesitzer.

Mangel gab es vor allem bei der Versorgung mit Nahrungsmitteln. Wer ein eigenes Stück Acker, Vieh und ein Haus besaß, spürte es nicht so sehr. Viele Männer und Söhne aber waren im sinnlosen Krieg gefallen oder noch in Gefangenschaft und fehlten den Familien als Arbeitskraft und Ernährer. Die Erziehung der Kinder und die Arbeit im Haushalt, Garten, Stall und auf der Wiese und dem Feld lagen in den Händen der Mütter, Großmütter, Großväter und der älteren Kinder. Das Leben war einfach, aber keiner musste Hunger leiden.

Zur Selbstversorgung mit Nahrungsmitteln hatten viele noch eine kleine Landwirtschaft. Man bestellte ein Stück gepachtetes Ackerland, um Kartoffeln, Getreide und Rüben anzubauen. Gras und Heu für die Ziegen, manchmal auch für eine Kuh, kamen von der Wiese. Eine Kuh war in den kleinen Landwirtschaften eher selten zu finden. Geflügel und Kaninchen dagegen wurden auf jedem Hof gehalten. Milch gab es in einem extra Laden und Waren des täglichen Bedarfs bot der Kaufmann an. Oder sie wurden im KONSUM, später im HO-Laden gekauft. Das waren zusätzliche Lebensmittel, Waschmittel, Tabakwaren, Getränke und Spirituosen. Der Einkauf

Abb.: Sammlung Hans-Hermann Schneider

*Ziegen als Fleisch- und Milchlieferanten*

erfolgte auf Lebensmittelkarten und Bezugsscheinen. Bier brachte wöchentlich der Bierkutscher mit einem von Pferden gezogenen Rollwagen mit den Bierfässern obenauf. Ein Wassereimer voll Braunbier wurde abgefüllt und zu Hause in Flaschen umgefüllt. Viele der Männer, die allmählich wieder heimkehrten, arbeiteten in einem Handwerksbetrieb oder in einer Fabrik in der Stadt. Nach Feierabend wurde das Feld bestellt und eine gute Ernte war der Lohn für die Arbeit. In der Mühle wurde das Getreide gemahlen und dafür bekam man Mehl zum Backen und Schrot für die Tiere. Der Preis für das Mahlen (in Geld) ist mir nicht bekannt. In Preußen bekam der Müller vom Scheffel eine Metze.[1]

## Waschkessel und Backofen

Aus Zuckerrüben wurde im Waschkessel Sirup oder aus Pflaumen Mus gekocht. Da musste stundenlang gerührt werden und anschließend kam der dicke Brei in einen Steintopf, den man mit darüber gegossenem Fett versiegelte.

Im Kessel wurde auch das Warmwasser für das wöchentliche Bad zubereitet, die Kochwäsche kam hinein und der Hausschlachter kochte darin vom Schwein die Wurst, was auch die köstliche Wurstbrühe ergab. Das Fleisch pökelte man ein, Schinken und Speck kamen als Vorrat in die Räucherkammer im Schornstein.

Öfter gab es noch Backöfen, um Brot und Kuchen selber zu backen. Zu feierlichen Anlässen wurden Kuchen und zu Weihnachten Stollen, wir sagten Christbrot, beim Bäcker gebacken. Da warteten die Kunden in der Backstube, bis ihre Kuchen und Brote fertig gebacken waren. Raucher pflanzten auch Tabak an, der nach der Ernte zum Trocknen auf Schnüren an der Südseite der Scheunen und am Stall zum Trocknen aufgehangen wurde.

## Versorgung aus dem Wald

Pilze und Beeren im Wald sammeln war nur mit einem Erlaubnisschein möglich. Manche besaßen ein Stück Wald, aber die meisten rodeten nach Feierabend, ebenfalls mit einem Erlaubnisschein vom Förster, mühevoll im Wald die Stubben.

Im Kastenwagen wurden die Stubben aus dem Wald nach Hause gefahren. Oben auf den Wagen schichtete man noch Kiefernäste, die zu Hause zu Bündchen gebunden wurden und beim

Abb.: Sammlung Hans-Hermann Schneider

*Der Kastenwagen*

1) Ein Scheffel (nso.: kórc) in Preußen = 54,962 Liter, das entspricht bei Roggen etwa 40 Kilogramm, eine Metze (nso.: měrica) = 1/16 Scheffel = 3,44 Liter

Feueranmachen oder schnellen Erwärmen der Stube halfen. Das Spalten der Stubben war schwere körperliche Arbeit. Alles wurde dann mit einer mobilen Kreissäge, die von Hof zu Hof eingesetzt wurde, zersägt, ehe die mit der Axt gespaltenen Holzscheite als Holzschober auf dem Hof aufgeschichtet wurden. Braunkohle und später auch Briketts ergänzten den winterlichen Heizvorrat.

Um die Stube schnell warm zu bekommen, wurde ein Kanonenofen angeheizt, der in kürzester Zeit wohlige Wärme verbreitete. Jeder Küchenofen hatte seitlich eine Wasserwanne, sodass immer warmes Wasser zur Verfügung stand.

Kam der Herbst, wurden vor die Fenster Vorsatzfenster eingehängt und den Zwischenraum am Fensterbrett füllte man mit Moos aus dem Wald aus, um die Kälte fernzuhalten.

## Vom Brunnen bis zum Plumpsklo

Die Wasserversorgung erfolgte durch Brunnen oder Pumpen. Wir mussten bis in die 1960er Jahre das Wasser zum Trinken und Waschen aus dem Hofbrunnen holen.

Erste private Hauswasserversorgungsanlagen wurden etwa ab 1960 errichtet. Sie ersetzten das Brunnenschöpfen oder Pumpen.

Unser Brunnen war fünf Meter tief und eine entsprechende Schöpfvorrichtung war dafür erforderlich. Neben dem Brunnen hing auf einer Stange die von einem Böttcher aus Holzdauben gefertigte Kanne, die man auf einen Haken an die Schöpfstange hängte und in die Tiefe senkte, drückte sie nach unten, bis sie voll war, und zog sie wieder nach oben. Das ging leicht, weil am Seilende ein Gegengewicht so schwer wie der volle Eimer hing.

Das Wasser wurde in die beiden bereitgestellten Wassereimer gefüllt. Meine Großmutter schaffte diese Arbeit nicht mehr, und ich trug ihr dann das Wasser aus dem Brunnen in die Küche. Wenn ich es vergessen hatte oder sie mehr Wasser verbrauchte, bat sich mich immer: „Hansko, hol mir mal Wasser!“

Der Brunnen diente im Sommer als Kühlschrank. Die Temperatur am Wasserspiegel reichte, um die verderb-

Abb.: Sammlung Hans-Hermann Schneider

*Vorn rechts der Ziehbrunnen ohne Schöpfwerk, hinten das Plumsklo* lichen Esswaren kühl zu halten. Auch diente der Keller in der Küche als Vorratsspeicher. Über eine Falltür mit Ring und eine Holztreppe gelangte man hinunter.

Innentoiletten gab es noch nicht. Über den Hof erreichte man das Plumpsklo, wo statt des Klopapiers Zeitungen verwendet wurden. Manche Zeitungsartikel las man erst hier und entdeckte dabei noch ganz interessante Beiträge.

Die Gülle wurde in der Jauchegrube gesammelt und im Garten beim Umgraben verwendet oder auf das Feld gefahren und untergepflügt. Auf den Misthaufen kamen auch das Schmutzwasser und die alte Einstreu der Tiere, die in gleicher Weise genutzt wurde.

Beim Feuern anfallende Asche wurde, solange Frost im Boden war, im Frühjahr einmal mit dem Kastenwagen auf die Wiese gefahren und dort breit geworfen.

Mülltonnen gab es nicht. Unbrauchbares wurde anderweitig genutzt, und für Schrott und Lumpen gab es Sammelstellen. Flaschen und Gläser kamen zum Rumpelmännchen.

## Radio und Fernsehen

Um Strom zu sparen, schaltete abends, wenn alle Hausarbeit getan war, das Elektrizitätswerk in Cottbus für eine Stunde den Strom ab.

Die Elektrogeräte hatten keine eigene Zuleitung. Ein Netzstecker wurde bei Bedarf in das Gerät gesteckt und versorgte es mit Strom.

*Röhrenradio „Erfurt II"*

Abb.: Sammlung Hans-Hermann Schneider

1958 kauften wir uns das damals neu in den Handel gekommene Röhrenradio „Erfurt II" für 665 Mark. Im Rundfunk liefen solche Formate, wie sie bis heute noch im Fernsehen gesendet werden: Familienserien, Quizz- und Schlagersendungen, Kinderfunk, Kabarett und Sportübertragungen. Meistens wurde der RIAS eingestellt. Das war verboten, und der Sender wurde auf der Mittelwelle mit widerlichen Geräuschen gestört. Da die UKW-Frequenz nicht gestört werden konnte, installierte man auf dem Boden eine UKW-Antenne. Hier sah sie keiner.

Die Hörspielserie „Pension Spreewitz", die „Schlager der Woche", die Quizzsendung „Wer fragt, gewinnt" und „Das klingende Sonntagsrätsel" mit Hans Rosenthal waren besonders beliebt. Günter Neumanns „Die Insulaner" mit der Erkennungsmelodie „Der Insulaner verliert die Ruhe nicht" durfte man nicht verpassen. Morgens habe ich allerdings immer Radio DDR, Sender Cottbus gehört. Viel Musik und alle fünf Minuten die Zeitansagen und vor allem nicht ständig von Werbung unterbrochen, stimmten mich so auf den neuen Tag ein.

Das Fernsehen begann Mitte der 1950er Jahre interessant zu werden, doch nur in wenigen Haushalten war ein Gerät vorhanden. Einen Fernseher bestellte man bei der Gemeinde, und nach längerer Wartezeit erhielt man eine Bescheinigung, die für den Kauf im Rundfunkladen erforderlich war. Das war notwendig, weil in der DDR nicht genügend Geräte produziert wurden.

Bei Verwandten oder Bekannten, die einen Fernseher besaßen, traf man sich zum Fernsehen. „Da lacht der Bär" des DDR-Fernsehens war eine beliebte Fernsehsendung, weil sie noch nicht die amerikanischen Showformate wie das Westfernsehen hatte. Drei Moderatoren standen für jeweils eine deutsche Region: Heinz Quermann für Sachsen, Gustav Müller für das Rheinland und abwechselnd Herbert Köfer (Ost-Berlin) sowie Gerhard Wollner (West-Berlin). Diese Sendung sowie Fußball-, Eishockey- und Eiskunstlaufübertragungen habe ich mir bei meinem Cousin angesehen, da wir noch keinen Fernseher hatten.

## Der eigene Wagen

PKW fuhren auf den Straßen selten, weil es kaum welche zu kaufen gab. Es musste auch bestellt werden und nach etwa zwölf Jahren Wartezeit war man dann stolzer Besitzer des eigenen Fahrzeugs, sofern man es sich leisten konnte. Der IFA F8 mit kunstlederbespannter Sperrholzkarosserie wurde ab 1949 in der DDR gebaut, ehe ab 1955 der Wartburg 311 und ab 1958 der Trabant folgten. Der Trabant wurde nach dem ersten künstlichen Weltraumtrabanten benannt, den die Sowjetunion 1957 gestartet hatte. Viele der Autos auf den Straßen stammten noch aus der Vorkriegszeit, wobei mich der Opel P4 besonders begeisterte.

Korbkinderwagen mit tief liegendem Boden und kleinen Rädern bestimmten schon eher das Straßenbild.

Abb.: Sammlung Hans-Hermann Schneider

*Korbkinderwagen um 1958*

Man kann das Leben, wie es sich vor etwa 60 bis 75 Jahren abspielte, nur bedingt mit heute vergleichen. Aber über einige Dinge sollte doch einmal nachgedacht werden.

# Gasthof zur Alten Sensenschmiede

## Gastwirtschaften am westlichen Spreewaldrand – Klein Radden

HANS-JOACHIM JÄNSCH

### Pferdespannstationen, Erbbaukrüge und Schenken

Die heute allbekannten Gastwirtschaften im Spreewald hatten in historischer Zeit eher eine geringe Bedeutung oder existierten noch gar nicht. Durch den Ende des 19. Jahrhunderts einsetzenden Tourismus haben sie landesweite Bekanntheit und Beliebtheit erreicht. Peter Becker und Peter Franke haben mit ihrem Buch „Spreewald kulinarisch" unter anderem eine umfassende Beschreibung ihrer Geschichte und Gegenwart vorgelegt.

Am westlichen Spreewaldrand – dazu zählen die vielen Dörfer, die Anteile am „Pusch" hatten, – gab es zwar in jedem Dorf eine Gastwirtschaft, aber nur mit regionaler Bedeutung. Allerdings gab es in früherer Zeit das heute kaum noch bekannte Ausspannen der Pferde an den alten Fernstraßen, die auf dem „Trockenen" am Spreewaldrand entlangführten und damit zum Beispiel Lübbenau nicht berührten. An der Böhmischen Straße, die von Lübben als Sitz der Oberamtsregierung und der Niederlausitzer Landstände über Calau nach Dresden und Prag führte, lag bei Kittlitz die Mühlschenke, die sich an der Kreuzung mit der Alten Salzstraße befand, die von Magdeburg über Luckau und Cottbus weiter nach Schlesien führte. Die Bergschenke auf Groß Lübbenauer Flur in der Nähe von Boblitz lag an der Straße von Lübben nach Cottbus, die bei Krimnitz von der Böhmischen Straße abzweigte. Ebenfalls an der Böhmischen Straße lag bei Krimnitz am Schuggergraben am alten Weg nach Zerkwitz die Grundschänke. Ihr Name ist heute als Straßenname verewigt.

Eine anderen Kategorie der sehr alten Gasthöfe sind die Erbbaukrüge. Sie sind in der Region für Raddusch, Boblitz, Zerkwitz, Ragow, Hindenberg, und Klein Beuchow bekannt. Ihre Geschichte ist teilweise sehr gut dokumentiert. Sie hatten auch das Braurecht, das sonst nur Stadtbürgern zustand. Der Begriff „Krug" wurde bis zum Ende des 18. Jahrhunderts benutzt, ehe sich der niederdeutsche Begriff „Schenke" oder „Schänke" durchsetzte.

Die dritte Gruppe sind die oben erwähnten Dorfschenken, die etwa mit Beginn des 19. Jahrhunderts in jedem noch so kleinen Dorf nachgewiesen sind. Als eine aus dieser Kategorie soll jene aus dem Norden der Region beschrieben werden, die es in Klein Radden gibt und die seit 1897 und damit 125 Jahre in vierter Generation in Familienbesitz geblieben ist.

Abb.: Sammlung Hans-Joachim Jänsch

*Urmesstischblatt 4149 Lübbenau/Spreewald von 1846: Spannstationen (blau), Erbbaukrüge (rot), Dorfschenekn (grün)*

## Zur Alten Sensenschmiede

Die Schankberechtigung war in Klein Radden ursprünglich an das Erbrichtergut gebunden, das sich im Haus Nr. 3, heute Lindengasse 3[1], befand. Den ersten schriftlichen Nachweis für eine Schankwirtschaft haben wir aus den Gewerbetabellen des Kreises Luckau, zu dem der Ort bis 1952 gehörte, aus dem Jahr 1819. Hier beim Dorfrichter wurden auch die Verhandlungen über die Separation oder Gemeinheitsteilung geführt, welche die bis dahin gültigen Privilegien ablösten und eine völlige Neuaufteilung der Flur zur Folge hatten.

Nachdem dadurch das Privileg des Erbrichters abgeschafft war, blieben aber das Bürgermeisteramt und die Schankwirtschaft weiter beim nunmehrigen Großbauern Christoph Mrose. 1879 war die Schenke an den Sohn des Nachbarhofs, Gottfried Borch, verpachtet. Ende 1895 war sie wieder im Haus Nr. 3 bei Gustav Mrose, ehe Anfang 1897 der Schmied Heinrich Leh-

1) Hyp. Nr. 1, vgl.: Stog 2021, S. 23

mann auf dem Grundstück Nr. 1, heute Lindengasse 1[2], als Gastwirt bezeichnet wurde. Sein Grundstück war ein schon in früherer Zeit eingegangenes Bauerngut, dessen Land zwischen zwei Bauern aufgeteilt worden war.

Seit dem Ende des 17. Jahrhunderts ist darauf eine Schmiede nachgewiesen, die sich im 19. Jahrhundert auf die Herstellung von Sensen spezialisiert hatte. Mit dem Erlös konnte Sensenschmied Heinrich Lehmann (*1860), Urenkel des ersten Schmiedes Hurras[3] eine Schenke bauen. Daneben hatte er auch Land für das Betreiben einer kleinen Landwirtschaft erworben.

1910/12 ließ Lehmann Stall und Hauptgebäude neu aufbauen, wie es im äußeren Bestand im Wesentlichen heute noch zu sehen ist (siehe Abbildung rechts oben). „Schankwirtschaft Heinrich Lehmann" prangte bis 1995 auf indigoblauem Grund am Haus. Heinrich Lehmann wollte erst keinen Saal bauen, ließ sich dann aber von der Gemeinde dazu überreden.

Sohn Richard Lehmann (*1895) übernahm Gast- und Landwirtschaft. Er wollte hier mit seinem Bruder Erich Lehmann (*1897) eine Gurkeneinlegerei einrichten, doch er verstarb, sodass Erich Lehmann eine solche 1928 als einzige dieser Art in der Lübbenauer Umgebung angemeldet hatte.

Es kam jedoch anders. Erich heiratete 1928 in die Lübbenauer Dünger- und Futtermittelhandlung Eiffler ein

Abb.: Sammlung Hans-Joachim Jänsch

und pachtete auch die Schlossmühle. Die Gastwirtschaft verpachtete er an den Hänchener Gastwirtssohn Gustav Guthke. Dieser verzog jedoch 1935 nach Lübbenau und eröffnete eine Autovermietung.

Der nächste Pächter war bis 1938 der Cottbuser Erich Bräuer, ehe an die Familie Reuß verpachtet wurde. Diese entstammte angeblich dem bekannten thüringischen Fürstenhaus Reuß.

Vor Kriegsende war der Saal Flüchtlingslager. Hauptsächlich aus Drosehaydau, Kreis Freystadt in Schlesien, waren hier Flüchtlinge untergebracht. Sie schliefen auf Strohsäcken, bis sie auf die einzelnen Häuser verteilt wurden. Im Hause selbst verblieben danach 22 Personen.

1946 hat Irmgard Lehmann (*1924), einzige Tochter von Richard Lehmann, die Konzession für den Betrieb der Gastwirtschaft erhalten. Die nötigen Kenntnisse hatte sie bei ihrer Anstellung bei dem bekannten Luckauer Gastwirt Gustav Seehaus erworben. Nach den Kriegsjahren durfte wieder Tanz sein, und die traditionellen Dorffeste wie Fastnacht, Stollenreiten, Kneedelfest und Kirmes wurden gefeiert. Das

2) Hyp. Nr. 13, vgl. Stog 2021, S. 23

3) Vgl.: Calauer Heimatkalender 2020

Abb.: Sammlung Hans-Joachim Jänsch

*Platz für große Feierlichkeiten im Saal der Alten Sensenschmiede*

Tagesgeschäft versah Irmgards Großmutter Alwine Lehmann (*1871), während Irmgard, die 1948 Gerhard Jänsch aus Crossen/Oder geheiratet hatte, mit ihm die Landwirtschaft betrieb.

In dieser Zeit war die Gaststätte auch kultureller Mittelpunkt des Dorfes, besonders für die Jugend. Neben den üblichen Tanzveranstaltungen fanden auch Preisskate, Versammlungen, Kinoabende und anderes statt. Mit dem Übergang der kleinen Landwirtschaft in die LPG „Neue Heimat" durch den Ehemann übernahm Irmgard die Gaststätte, die für sie zum Haupterwerb wurde. 1961 wurde sie zur Aufnahme der Konsumgenossenschaft als Kommanditisten gedrängt. Dadurch war aber die Warenversorgung halbwegs gesichert.

Da Klein Radden Zentraldorf für die LPG wurde, fanden nun auch Brigadeabende, Vollversammlungen und so weiter statt. Zu Mittag gab es heiße Brühe, die die Schlosser und Traktoristen mit den mitgebrachten „Schnieten" verzehrten oder sich eine Bockwurst mit Brötchen oder Spiegelei mit Brot oder Salat leisteten. 1980 wurde der Schenkstock erweitert und die Gaststube umgebaut. Um diese Zeit wurde auch erstmals bei einer Hochzeit im Saal getanzt. Bis dahin fanden die Hochzeiten traditionell im Hause der Braut statt. Im Dezember 1990 übernahm Tochter Siegried (*1960) das Geschäft. Sie hatte bis 1983 in der HOG „Zum Grünen Strand der Spree" in Lübbenau bei Moshake Köchin gelernt und war dann zu Hause angestellt. Ih-

Abb.: Sammlung Hans-Joachim Jänsch

*Christa und Siegfried Janzen aus Groß Lübbenau gratulieren dem Autor zum Geburtstag*

ren Einstieg als Chefin bildete der warme Mittagstisch für die oben genannten Mittagsgäste und die Arbeiter der nahen Sortieranlage.

Nach der Wende hatten die üblichen Tanzabende Konjunktur, bis dann zunehmend Hochzeiten, Geburtstagsfeiern, Vereinsfeste und anderes ausgerichtet wurden. 1994 baute Siegried, nun verheiratete Weber, mit ihrem Ehemann das Haus komplett um. Neben dem Neubau von Küchen- und Toilettentrakt sowie Kegelbahn wurden die Gasträume um Kaminzimmer und Schmiedezimmer erweitert.

Im Nebengebäude, das zwischenzeitlich als Kleinkauf diente, wurde eine Pension eingerichtet. Ein Gästegarten wurde angelegt und 2015 wurde die Scheune als urige Feierstätte ausgebaut, in deren Obergeschoss auch die Kinder ihr Vergnügen finden.

Nach dem Erliegen der Gaststätten in den meisten umliegenden Orten finden auch deren Fastnachtstänze mit Eierkuchenessen hier statt.

Quellen:


- Peter Becker und Peter Franke: Spreewald kulinarisch, Clenze 2015
- Werte unserer Heimat, Burger und Lübbenauer Spreewald, Berlin 1981
- BLHA Potsdam: Rep. 3B I, Nr. 271, Gewerbetabellen des Kreises Luckau 1819
- EZAB Berlin: Kirchenbuch Zerkwitz
- Adressbücher des Kreises Calau 1929 und 1941
- Adressbuch des Kreises Luckau 1935
- Deutsches Reichs-Adressbuch der Konserven- und Nährmittel-Industrie 1928-1929
- Privatinformationen von Frau Siegried Weber, der dafür herzlich gedankt sei

# Wüstenhain – ein gar nicht wüster Flecken

## Entdeckungen am Spreewaldrand

Peter Becker

Die Reise in den 80-Seelenort an der Kzschischoka (Greifenhainer Fließ), einem der südlichen Nebenflüsse der Spree, verspricht anfangs das zu werden, was der Name zu bedeuten scheint. Doch schnell wird klar, dass Wüstenhain nur bedingt etwas mit abgeschiedener Einöde zu tun hat.

Ortschronist Frank Paulisch lebt seit 1977 in dem heute zu Laasow und somit zu Vetschau gehörenden Dörfchen. Er kann aufklären, dass der Ortsname mit einer Wüste oder Wüstenei rein gar nichts zu tun hat: „Einem Pommern, dem edlen Ritter Hanns von Bichow zu Wüstenhayn, ist der Ortsname zu verdanken. Am 22. Juli 1377 bekam er in einem Tauschvertrag den Niederlausitzer Flecken zugesprochen, der fortan als Wüstenhayn, später Wüstenhain, in den Chroniken auftaucht. Ungewöhnlich für die Niederlausitz ist, dass Wüstenhain somit ein deutscher Ortsname ist und von den Wenden über ‚Wustan' zur wendischen Ortsbezeichnung ‚Hustan' sorabisiert wurde."

Frank Paulisch hat akribisch die Geschichte seines Ortes zusammengetragen. Allein an der Materialfülle ist erkennbar, dass von ihm und seinen Vorgängern ganze Arbeit geleistet wurde. In dem Zusammenhang soll nicht unerwähnt bleiben, dass Wüstenhain im 30-jährigen Krieg vollständig zerstört und wirtschaftlich bedeutungslos geworden war. Ein Schäfer, Georg Heine, leitete drei Jahre das Rittergut, genauer gesagt, dessen Reste. Über das Schicksal des Schäfers ist nichts bekannt. Da er nach dem Krieg für sein vollständig zerstörtes Dorf Verantwortung übernommen hatte, hat ihn der Heimatverein Wüstenhain e. V. in seinem Wappen verewigt.

Beinahe wäre der Ort in jüngster Vergangenheit wieder von der Landkar-

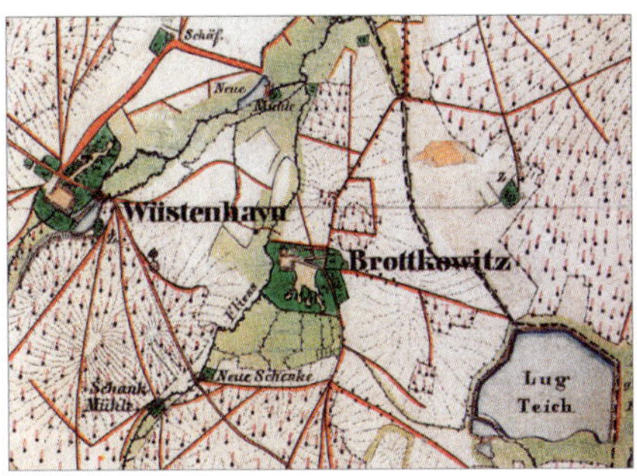


Abb.: Sammlung Peter Becker

*Preußisches Urmesstischblatt Nr. 4250 von 1846*

te verschwunden, als Ende der 1970er Jahre feststand, dass Wüstenhain dem Tagebau Gräbendorf weichen sollte. Die politische Wende verhinderte dies glücklicherweise.

Ort und Gut gingen nach mehreren Wechseln 1725 in den Besitz der sächsischen Adelsfamilie von Heynitz über. Christoph Dietrich von Heynitz kaufte am 23. November 1725 für 12.500 Taler das Rittergut Wüstenhain – der Beginn einer 220 Jahre alten Familiengeschichte. Einer der zahlreichen Nachfahren über mehrere Generationen, Ernst von Heynitz (1854–1912) heiratete 1890 eine Lübeckerin, Wilhelmine „Minna" Tesdorpf (1865–1944), die aus einer angesehenen Patrizierfamilie abstammte, die sich mit Weinhandel einen Namen gemacht hatte. Ihr Onkel Krafft Tesdorpf war zeitweise Verwalter des Mann'schen Vermögens und Vormund der Brüder Heinrich und Thomas Mann. Er kam als Stephan Kistenmaker in den „Buddenbrooks" später zu Ehren.

## Das Herrenhaus

In Wüstenhain ließ Ernst von Heynitz 1894 ein neues Herrenhaus errichten, bei den Einheimischen noch immer als „neues Schloss" bezeichnet. Es trägt nordische Züge – ein Zugeständnis an die Herkunft seiner Ehefrau, die kurz vor dem Einzug an Kinderlähmung erkrankte und zeitlebens an einen Rollstuhl gebunden war. In Wüstenhain war sie sehr beliebt, denn sie kümmerte sich um die Dorfbelange. Jedes Kind bekam von ihr zu Weihnachten ein Geschenk und sie bildete junge Mädchen in der Hauswirtschaft aus. „Fromm, rechtschaffen und maßvoll" sollte später auf ihrem Grabstein stehen.

Ernst von Heynitz ließ auch den Gutspark neu gestalten, sorgte für den Bau einer neuen Mühle und kümmerte sich maßgeblich um die Kirchenrestauration. Sohn Benno von Heynitz (1893–1973) übernahm 1918 das Rittergut, im selben Jahr heiratete er in Berlin Erika Gropius (1894–1985), eine Cousine des Bauhaus-Gründers Walter Gropius. Dieser kam mehrmals zum Verwandtschaftsbesuch nach Wüstenhain. Einer ihrer beiden Söhne, Ernst Günther von Heynitz, kam 1943 in Stalingrad um, Tochter Ada

*Das „neue Schloss"*

*Die zur Pension umgebauten Nebengebäude*

Abb.: Peter Becker

(1919–2016) kam erstmalig wieder 1990 nach Wüstenhain, dass damals einen wenig einladenden Eindruck machte. Zur Einweihung der sanierten Kirche 2014 konnte sie nicht mehr selbst anreisen, dafür ihre Tochter Marion Güldenpfennig.

Benno von Heynitz kümmerte sich, wie schon sein Vater, um die Modernisierung des Gutes, sorgte 1927 für Stromanschluss und intensivierte Land- und Forstwirtschaft. Erika von Heynitz betrieb auf dem Gut eine Hühnerfarm und lieferte wöchentlich eine Kiste mit 500 Eier nach Berlin. Sie war sehr musikalisch und spielte leidenschaftlich Klavier. Gemeinsam mit der ebenfalls sehr musikalischen Verwandtschaft hielt sie gelegentlich Wohnzimmerkonzerte ab. Ihr Bechsteinflügel, den sie 1918 aus Berlin mitbrachte, steht heute in der Wendischen Kirche in Vetschau. Benno und Erika von Heynitz flohen am 20. April 1945 vor der anrückenden Roten Armee. Über mehrere Zwischenstationen fanden sie 1954 in Bayern ihre letzte Wohnstatt.

Im Zuge der Bodenreform wurde das Gut 1945 Volkseigentum, die von Heynitz wurden enteignet. Beide Gutshäuser und alle Stallgebäude wurden geteilt, Flüchtlingsfamilien zogen ein und wurden somit neue Einwohner von Wüstenhain. Um den ursprünglichen Gutshofcharakter zu beseitigen, wurde die Freitreppe am alten Gutshaus entfernt und zwei Stallgebäude geteilt.

Die Gebäude verfielen in der Folge zusehends, eine Nachnutzung erfolgte in den ersten Jahren nicht. Erst 1976 wurde ein Gebäudeteil saniert und als Ferienzentrum der Missener Anton-Saefkow-Oberschule eingerichtet.

Ab dem Jahr 2000 fanden die beiden Gutshäuser neue Eigentümer. Das alte Gutshaus wurde halbseitig saniert. Das „neue Schloss“ wurde ebenfalls umfangreich rekonstruiert, die Arbeiten sind aber noch nicht abgeschlossen. Die Gutsscheune wurde ab dem Jahr 2013 zu einer Pension umgebaut. Der Schweine- und Kutschstall wurde ebenfalls umfangreich saniert. „Die Inbetriebnahme erfolgte zum 31. 12. 2019 und wird 2021 noch um den Ferienhof erweitert. Wir haben damit 30 Übernachtungsplätze, einen Saal für bis zu 60 Gäste und das Café mit Straßenverkauf und Sonnenterrasse“, so Hannes Wilhelm-Kell über die geplante Entwicklung des Areals.

## Die Dorfkirche

Neben den sanierten Gutsgebäuden hat der Ort auch eine liebevolle, sich noch in Restaurierung befindliche kleine Dorfkirche zu bieten. Sie hebt sich von den üblichen Feldsteinkirchen, wie sie häufig in den Niederlausitzer Dörfern zu finden sind, etwas ab. Das ist zuerst auf den Glockenturm zurückzuführen, der mediterran wirkt und Blicke auf sich zieht. Und da gibt es noch etwas, doch dazu weiter unten mehr.

Das Gebäude, 1580 erstmalig in der Chronik erwähnt und 1860 schon einmal abgebrannt, war vor Jahrzehnten erneut dem Verfall preisgegeben, auch

Abb.: Peter Becker

*Die Dorfkirche und die mysteriösen Löcher in der Kirchenmauer*

weil der Tagebau Gräbendorf immer näher rückte und jede Sanierung a priori infrage stellte. Der rührige Heimatverein schaffte es dennoch 2000, mit Spendengeldern für das Haus wenigstens eine Teilsanierung zu erreichen. Dach und Türen wurden wetterfest gemacht.

Im Innenbereich schreiten inzwischen die Restaurierungsarbeiten wieder voran, dank des besonderen Engagements von Restaurator Siegfried Letsch, dem Gemeindemitglied Jürgen Ullrich und den angesammelten Spenden.

Wer die Kirche umrundet und aufmerksam das Mauerwerk studiert, sieht neben früheren Bearbeitungsspuren auch kreisrunde Löcher im Putz. „Klar, die Russen waren's, die hatten '45 was gegen Kirchen und haben einfach draufgeballert!" – Diese Vermutung hören die Heimatvereinsmitglieder immer mal wieder, wenn sie Besucher und potenzielle Spender in und an die Kirche führen. Dabei ist die überlieferte Erklärung eine ganz andere: Schwer erkrankte, sieche und vom Schicksal verfolgte Menschen versprachen sich Besserung, wenn sie Putz aus der Kirche, dem gottgeweihten Haus herauskratzten und im Tee oder mit der Nahrung aufnahmen. Da dies wohl mit einem Löffel geschah, entstanden kreisrunde Vertiefungen im Putz. Pfarrer Stephan Magirius, der eine Zeit auch für die Wüstenhainer Kirche tätig war, kann das bestätigen, sieht aber keinen christlichen Hintergrund: „Es ist keine christliche Tradition, sondern eher ein magisches, abergläubiges Denken. Heute ähnlich dem Bleigießen oder anderen Ritualen." Das Wüstenhainer Gotteshaus war nie eine eigenständige Kirche, sondern eine sogenannte Tochterkirche der Laasower.

## Die Pumpschenke

Zwischen Wüstenhain und Casel, am Bucholzer Fließ und fast am Gräbendorfer See, befindet sich die legendenumwobene Pumpschenke, auch Heideschenke oder Neue Schenke genannt (siehe Luftbild). Man erreicht sie vom Wüstenhainer Friedhof aus nach etwa einem Kilometer Fußmarsch. Vermutlich entstand sie Ende des 18. Jahrhunderts, denn in den Akten zur Straßenreparatur über das Brodkowitzer und das Wüstenhainer Grenzfließ 1792/1793

*Die Reste der alten Pumpschenke und ihre Lage auf einer aktuellen Luftaufnahme*

Abb.: Peter Becker

ist auch das Gesuch um die Konzession zum Bierbrauen und Anlegung einer Schenke enthalten. Die Schenke lag an der Poststraße Spremberg-Vetschau, die allerdings erst 1816 in den Brandenburger Akten erscheint, nachdem die Niederlausitz zu Preußen gekommen war.

Mit der Aufhebung der Leibeigenschaft in der Niederlausitz im Jahr 1819 und den sozialen Umbrüchen in dieser Zeit gab es viele umherziehende Tagelöhner, Wohnungslose und andere Entwurzelte. Mord und Totschlag waren zwar nicht ständig auf der Tagesordnung, aber auch nicht ungewöhnlich. Aus dieser Zeit stammen wahrscheinlich auch die „Legenden" um diese Schenke.

Ab Mitte der 1860er Jahre löste die Eisenbahn die Postkutschen ab und damit verloren die Poststrecken ihre Bedeutung.

Quellen: Ortschronik, geführt von Frank Paulisch, Akten des BLHA

Weshalb die Schenke „Pumpschenke" genannt wird, darüber gibt es nur Vermutungen. Man konnte „auf Pump" essen und trinken, konnte also anschreiben lassen. Es gibt so Erzählungen, dass die Gäste, welche ihre Zeche nicht zahlen konnten, im Keller eingesperrt wurden, bis sie von den Ehefrauen „ausgelöst" wurden. Von Zuhältern und leichten Mädchen war auch immer mal die Rede. Neben diesen Ereignissen hat auch ein mutmaßlicher Mordfall die Fantasie der Menschen erregt. Der Pumpschenker soll einen Gast, der seine Zeche nicht zahlen konnte, erschlagen und die Leiche im Brunnen entsorgt haben. Seit diesem Vorfall hat das Wasser in der Pumpschenke angeblich nicht mehr geschmeckt. Über dieses Ereignis handelt die „Ballade von der Pumpschenke". Leider ist uns diese Ballade nicht mehr schriftlich überliefert. Sie wurde wohl immer nur von Mund zu Mund weitergegeben. Belege für einen Mord in der Pumpschänke wurden in den Archiven bisher nicht gefunden.

*Frank Paulisch, Ortschronist Wüstenhain Andreas Tartz, Ortschronist Laasow*

# Als Wallenstein durch Vetschau zog

## Spuren des Dreißigjährigen Krieges im Spreewald

Klaus Lange

Zu den herausragenden Militärs des Dreißigjährigen Krieges zählte zweifelsohne Albrecht Eusebius von Valdstein, genannt Wallenstein (1583–1634). Der böhmische Landadlige hatte reich geheiratet, klug dazu verdient, leistete sich einen luxuriösen Hofstaat und lieh selbst dem Kaiser Geld. Mit seinen Truppen zog er mehrfach durch die Niederlausitz, darunter auch durch Vetschau und Cottbus.

Die Ereignisse werden von mehreren Chronisten beschrieben. So Rudolf Lehmann in seiner „Geschichte der Niederlausitz". Der Pfarrer Johann Magnus hat in seinen „Aufzeichnungen und Sammlung von Materialien zur Lausitzer Geschichte" wichtige Hinweise auf die Ereignisse in Vetschau gegeben.

Albrecht von Wallenstein

Vetschau hatte sich gerade etwas von einem 1619 alles erfassenden Stadtbrand erholt, als 2.000 englische Söldner am 28. Juni 1620 durch Vetschau zogen. Das war das erste Mal, dass Vetschau mit dem Krieg in Berührung kam. Die englischen Truppen waren von Luckau kommend nach Spremberg und weiter nach Böhmen unterwegs. Der englische König Jakob I. hatte sie geschickt, damit sie seinem Schwiegersohn Friedrich von der Pfalz, dem „Winterkönig", in Prag zu Hilfe eilen sollten. Während dieses Durchzuges wurden Bürger von Calau und Lübben von der sogenannten „englischen Seuche"[1] betroffen. Vetschau blieb aber offenbar weitestgehend verschont.

1626 hatten die katholischen kaiserlichen Truppen unter Wallenstein an

1) „Englische Seuche": in diesem Fall handelte es sich um Typhus, den die englischen Truppen von König Jacob I. 1620 in die Lausitz und nach Böhmen mitbrachten und der deshalb diese Bezeichnung im Volksmund erhielt. Nicht zu verwechseln mit der „englischen Seuche", die auch als „Schweißfieber" rund 100 Jahre vorher in Europa grassierte und deren Ursache bis heute ungeklärt ist.

*Ernst Graf von Mansfeld*

der Dessauer Elbbrücke das protestantische Heer unter Ernst von Mansfeld geschlagen. Damit war der Transportweg über die Elbe abgeriegelt. Mansfeld zog sich zunächst zur Erfrischung in den Norden Brandenburgs zurück. Danach versucht er, über Schlesien Siebenbürgen zu erreichen. Wallenstein verfolgte ihn auf einer kürzeren Route und nutzt den Weg durch die noch böhmische Niederlausitz und mit Zustimmung des brandenburgischen Kurfürsten auch den Durchzug durch das brandenburgische Cottbus.

Als erste erreichte die Reiterei von Oberst Pechmann von Luckau kommend Vetschau. Die Truppenstärke wurde mit 5.500 Reitern angegeben. Reiter und Pferde mussten auch durch die umliegenden Dörfer verpflegt werden. Pechmann selbst geriet ein Jahr später in einen Hinterhalt und wurde gnadenlos zerstückelt. Kurz nach dem Durchzug Pechmanns folgten 300 Dragoner, meist Kroaten. Wallenstein selbst kam Mitte August 1626 nach Vetschau. Pfarrer Johann Magnus gibt den 13. August an. Andere Chronisten nennen abweichende Tage, alle aber Mitte August. Zu Wallensteins Heer gehörten zu dieser Zeit etwa 40.000 Soldaten. Es handelte sich um einen bunt zusammengewürfelten Haufen: Ungarn, Kroaten, Wallonen, Franzosen, Spanier, Niederländer, Deutsche. In die genannte Zahl ist der Tross nicht einbezogen. Man muss noch etwa 400 Fuhrwerke hinzurechnen. Selbst Frauen und Kinder begleiteten die Söldner.

Wallenstein handelte nach dem Grundsatz, dass der Krieg den Krieg ernähren muss. Das Heer requirierte auch in Vetschau und den umliegenden Dörfern Vieh, Nahrungsmittel, Futter und Geld. Diebstähle gab es ebenfalls. Wallenstein selbst soll bei groben Plünderungen mitunter hart durchgegriffen haben. In Vetschau ging das Gerücht um, dass Wallenstein persönlich einen Soldaten wegen Raub an eine Linde vor dem „Hospital zum Heiligen Kreuz" hängen ließ.

Quartier hat Wallenstein in Vetschau zum Glück nicht gemacht, dazu wären die Belastungen der Vetschauer zu groß geworden. Er und sein Stab übernachteten im Cottbuser Schloss. Das Schloss hatte man auf Befehl des Brandenburgischen Kurfürsten besonders behaglich eingerichtet und für den Feldherren gar ein Bett aus Berlin herbeigeschafft.

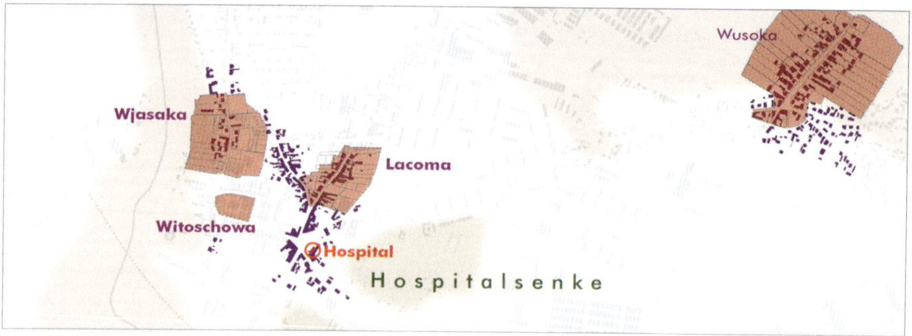


*Kartenteil aus: Stephan Pönack: Was Stadtpläne verraten. In: Stog 2011, S. 105–108; das „Hospital" lag etwa östlich des heutigen Kreisverkehrs im Stadtzentrum von Vetschau*

Ein Jahr später bewegten sich die Truppen Wallensteins in umgekehrte Richtung. Die Stärke umfasste nur etwa ein Drittel des ersten Durchzugs. Am 21. August 1627 erreichte der Generalissimus Cottbus, wo er zwei Tage zubrachte, damit sich Menschen und Tiere erholen konnten. Am 23. August durchquerten die Verbände Vetschau, Calau und Luckau. Wiederum kam es zu Übergriffen. Bei Rudolf Lehmann gibt es einen Hinweis, dass Wallenstein im Februar 1630 ein drittes Mal durch die Niederlausitz zog. Ob dabei Vetschau direkt berührt wurde, kann nicht eindeutig gesagt werden.

Im weiteren Verlauf des Krieges kam es in Vetschau mehrfach zu Bränden. Besonders verheerend wirkte sich auf die Bürger der „schwarze Tod", die Pest aus. Aber nicht nur marodierende Truppen schadeten den Vetschauern. Manche Bauern, Kossäten und Büdner, denen der Krieg alles genommen hatte, zogen wegelagernd durchs Land, um sich am Leben halten zu können.

Wallenstein wurde anderen Fürsten zu mächtig. Beim Kaiser fiel er in Ungnade. Am Abend des 25. Februar 1634 wurde er in einem Bürgerhaus in Eger (Böhmen) ermordet. Sein Leichnam wurde geplündert.

Abb.: Bernd Schmidt

*Eger/Cheb in Böhmen/Tschechien heute*

Literatur:

- Diewald; Hellmut: Wallenstein, Esslingen und München 2007.
- Kremzow, Heinz F. A.: Wallensteins erster Durchzug durch Vetschau. In: Unsere Heimat Nr. 9, Beilage zum Cottbuser Anzeiger vom 25. 09. 1935.
- Lehmann, Rudolf: Geschichte der Niederlausitz, Berlin (West)) 1963.

Bildernachweis:
Alle historischen Abbildungen bei Diewald, a. a. O.

# Die Radduscher Spinnstube/Spinte/pśěza

## Wendisches Brauchtum

Manfred Kliche

In den Spreewalddörfern bestimmten bis etwas 1930 die Spinnstuben, die Spinten, das kulturelle Leben der Dorfjugend, so auch in Raddusch. Dort trafen sich in der Winterzeit die Mädchen des Dorfes und spannen das Garn für die nächsten Web- und Strickarbeiten. Vor dem Aufkommen der Textilindustrie waren Gewinnung und Verarbeitung von Flachs und Wolle, somit auch die Spinte, die *pśěza*, fester Bestandteil des bäuerlichen Lebens auf den Dörfern.

Zur Spinte kamen die unverheirateten Mädchen des Dorfes. Für die Durchführung der Spinte stellte in der Regel ein Bauer eine Stube zur Verfügung. Die Wirtsleute sorgten dafür, dass die Stube gut beheizt war und die Mädchen bei ihren Zusammenkünften mit Getränken und kleinen Speisen versorgt wurden. Die wenigen Lichtquellen (Kienspan oder Öllampen) konnten so in der dunklen Jahreszeit gemeinsam besser genutzt werden.

Neben dem Flachs wurde auch Schafwolle gesponnen. Das Garn aus dem Flachs/Lein wurde mit eigenen Webstühlen zu Leinentuch verarbeitet. Nach dem Weben wurde der Stoff in den Frühlings- und Sommermonaten zum Bleichen auf den Wiesenflächen ausgelegt und mit Spreewasser beträufelt. Diese Flächen tragen zum Teil bis heute entsprechende Flurnamen, wie zum Beispiel die Bleiche in Burg.

Aus dem Stoff wurden Kleidungsstücke, aber auch Säcke und Planen für die Landwirtschaft hergestellt, je nachdem, wie fein oder grob der Faden und die Webarbeit gearbeitet waren. Auch für ihre eigene Aussteuer waren die Mädchen an diesen Abenden fleißig.

Die Spinte diente nicht nur dem gemeinsamen Arbeiten, sie war auch ein Zentrum der dörflichen Geselligkeit. Hier wurden Lieder gesungen, Sagen und Märchen erzählt und der neuste Dorfklatsch ausgewertet. So manches wendische Volkslied, manche Sage oder Erzählung wäre bestimmt verloren gegangen, wenn Text und Melodie nicht von einer Generation auf die andere in der Spinte weitergetragen worden wären. So hatte jede Spinnstube ihre *kantorka*, ihre Vorsängerin. Sie kannte alle Lieder und lehrte sie den anderen Mädchen. In den letzten Wochen vor Beendigung der Spintezeit wurden schon die Passions- und Osterlieder für das Ostersingen eingeübt.

In Raddusch sollen noch in den 1930er Jahren die Mädchen zur Spinte gegangen sein. Zur gleichen Zeit sollen sich bis zu 30 junge Burschen zum Kartenspiel getroffen haben. Wo so viele junge Mädchen beisammen saßen, blieben natürlich auch die Burschen nicht fern. Die Burschen durften aber nur zu bestimmten Zeiten den Mädchen einen Besuch abstatten.

Der Bursche, der in der Stube sein Liebchen hatte, klopfte an die Tür. Ohne Weiteres einzutreten, war nicht erlaubt. Auf das Klopfen antwortete die *kantorka* mit dem Ruf „Kuźela?" (Spinnrocken) und dann „Kótaru?" (Welche). Der Bursche gab an der Tür durch Klopfzeichen bekannt, welches Mädchen aus der Runde er gern zu sprechen wünschte. Daraufhin warf die *kantorka* den entsprechenden Spinnrocken aus der Tür heraus und das Mädchen musste ihm folgen. Kam es nach einer Weile mit dem Burschen in die Spinnstube zurück, hatten auch die anderen jungen Männer Zutritt.

Von der Arbeit wurde dann natürlich nicht mehr viel. Die Burschen machten sich einen Spaß daraus, die Spinnräder anzuhalten und allerlei Possen zu spielen, sodass die Mädchen lieber das Spinnen aufgaben. Man sang und vertrieb sich die Zeit mit allerlei Gesellschaftsspielen.

Zum Ende der Spinnstube wurden in jedem Jahr das sogenannte „Abschlussfoto" gefertigt. Die Mädchen und die *kantorka* trugen dabei ihre Trachten. Sollte im laufenden Jahr ein Mädchen der Spinnstube verstorben sein, wurde für das Foto die Trauertracht getragen.

Als Gegenleistung für die Bereitstellung der Spinnstube halfen die Burschen dem Bauern bei der Wiesenmahd und die Mädchen bei der Einbringung der Kartoffelernte.

Nach der Ernte gab es in der Dorfschenke verschiedene Tanzvergnügen.

Abb.: Sammlung Manfred Kliche

*Abschlussfoto Spinte in Raddusch, nachkoloriert*

# Was ein Bild erzählen kann

## Einer Ansichtskarte aus dem Freilandmuseum Lehde auf der Spur

Christine Kohlstock

Gern schlendere ich über Flohmärkte. Dabei halte ich immer Ausschau nach historischem Material über den Spreewald. So auch im vorigen Frühjahr in Cottbus. Oft habe ich schon in den Spreewaldbüchern Personen entdeckt, die ich gekannt habe. Nun stieß ich auf einige Postkarten, die mich ins Grübeln brachten. Gerade mein Lieblingsort Lehde und das Museum liegen mir sehr am Herzen. Ich war mir nicht ganz sicher, ob ich eine Frau auf einem der Bilder stehend erkannt habe und begab mich auf die Suche.

Nach kurzer Recherche war klar, dass es die Tante meiner Freunde in Lübbenau ist. Sie hat es mir dann bestätigt und ist aus allen Wolken gefallen. Dass ich sie auf dem Foto erkannt habe, konnte sie nicht fassen. Schließlich wurde dieses Bild 1963 von dem Fotografen Trepte aus Potsdam gefertigt. Damals war Irmgard Schleicher 29 Jahre jung, ihre Kollegin Linda Keinitz gesellte sich als zweites Modell dazu. Fotografen und Verlage aus Berlin folgten gern der Einladung in den Spreewald, um für die Gäste Ansichtskarten zu gestalten.

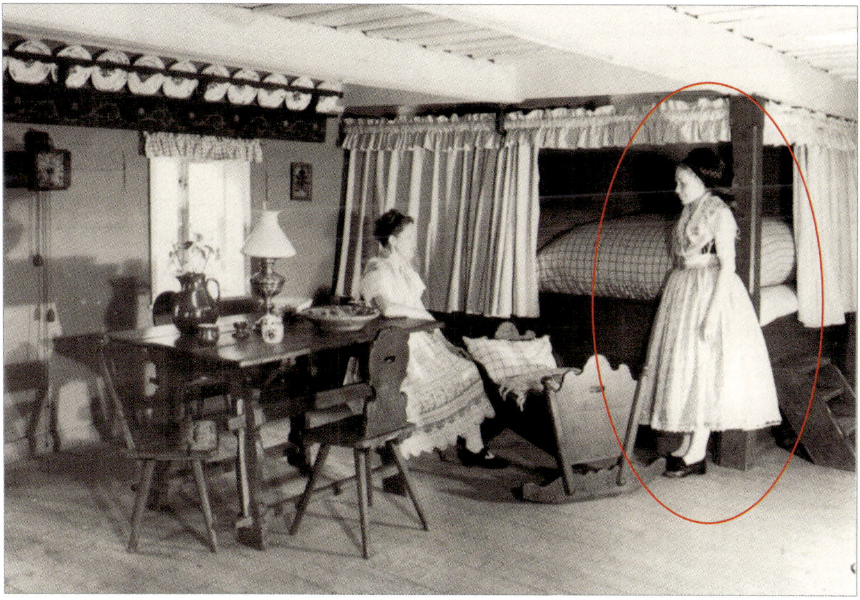

Abb.: Sammlung Christine Kohlstock

Abb.: Christine Kohlstock

*Irmgard Klupsch, geb. Schleicher mit der wiederentdeckten Ansichtskarte*

Irmgard kam als Flüchtlingskind aus Schlesien nach Krimnitz, wo sie ihren Eltern in der Landwirtschaft helfen musste. Später zog es sie nach Lübbenau, und sie arbeitete im Akkord im Trikotagenwerk, nähte Unterwäsche für die Soldaten. Sie heiratete, nahm den Namen Klupsch an und bekam einen Sohn.

Sie fand eine Stelle als Sekretärin bei der Stadtverwaltung. Dort lernte sie Gerhard Krüger kennen, der zu jener Zeit Direktor der gräflichen Gerichtskanzlei war. Er wurde zum Museumsdirektor ernannt. Ab 1956 wurde aus einem maroden Wohn- und Stallgebäude in Lehde das erste Wendische Bauernmuseum dieser Art in der Lausitz errichtet. Mit der Zeit folgten drei Hofformen, die das dörfliche Ambiente anschaulich reproduzierten. Irmgard wurde von 1959 bis 1982 Krügers Sekretärin und baute so das Museumsdorf mit auf.

Als Kind faszinierte mich immer das große Wohn- und Schlafzimmer. Im Bett konnten fünf Personen schlafen. Im Bettkasten, der vorgezogen wurde, zwei Kinder und in der Wiege ein Kleinkind. Gleich daneben der große Esstisch. Unter der niedrigen Decke steckte in einen Balken das Brotmesser, womit das Familienoberhaupt das Brot anschnitt. Auf dem Tisch stand eine riesige Pfanne oder Schüssel, woraus sich jeder bediente. Ein Kachelofen wurde täglich mit Holz angeheizt. Eine große gusseiserne Tonne ist im Ofen mit eingelassen, und so hatte man immer warmes Wasser.

Damals habe ich auch oft die großen Bilder in der Orangerie bestaunt. Dort gab es zwei Truhen, mächtig groß und verziert mit riesigen Beschlägen standen sie mitten im Raum. Sie verlockten zum Herumturnen. Als ich kurz mal oben saß, wurde ich Dreikäsehoch rausgeworfen. Das war ein Schrecken. In dem Alter war man noch sehr unüberlegt.

Man lebte im Spreewald von der Landwirtschaft. Gerade an den langen Winterabenden spannen die Frauen die Wolle und strickten daraus die Kleidung, webten oder bestickten die prächtigen Tücher und Bänder für eine neue Tracht. Die Männer knüpften Netze und Reusen zum Fischfang und besserten sie aus. Körbe wurden aus Weide geflochten, der größte musste in der Ernte einen Zentner tragen können. Sensen und Sicheln wurden in Form und Schärfe gebracht.

„Diese Lebensart ist im Museum zu sehen, und es war mir ein Anliegen, der jungen Generation das Wissen weiter zu vermitteln", so Irmgard Klupsch heute. Auf einem Familienfest im Sommer traf ich sie wieder, und sie war ergriffen von meinem Interesse an ihrer Geschichte. Die Familie stellte mir weitere Bilder zur Verfügung.

Abb.: Sammlung Familie Klupsch

„Im Museum war man sehr bemüht, unseren Gästen etwas zu bieten", erzählte sie. Alle Museumsmitarbeiter und Mitarbeiterinnen stellten sich als Modells zur Verfügung. Im ersten Bild sieht man Irmgard und ihre Kollegin in

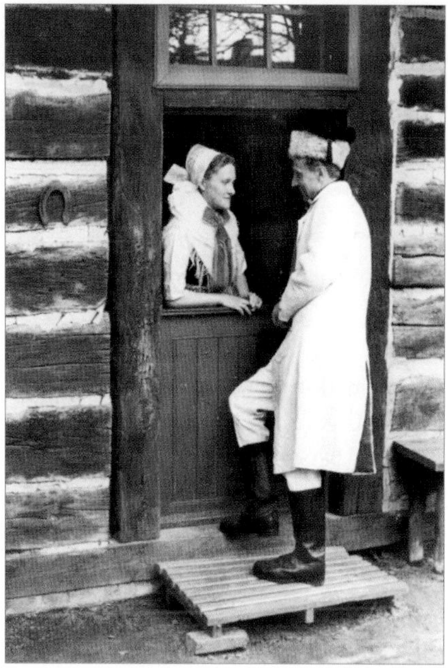

Abb.: Sammlung Familie Klupsch

der Stube in einer wunderschönen Festtagstracht. Auch auf dem zweiten Foto wird die sorbische Tracht präsentiert. Gerhard Krüger trägt auf dem dritten Bild eine Tracht von 1880. Ihm hat man im Lübbenau und in der Entwicklung der Museen viel zu verdanken. Ständig veränderte und erweiterte er mit neuen Ausstellungsstücken die Räume. Er hat die Orangerie am Schloss sanieren lassen, wo dann die Kunstsammlung der Familie zu Lynar aus drei Jahrhunderten zu sehen war.

Heute kann man sich einen Besuch im Spreewald ohne Ansichtskarten nicht mehr vorstellen. Sie begleiten unsere Gäste schon seit über hundert Jahren. Auch die Filmemacher entdeckten den Spreewald schon früh und heute immer wieder.

# Aus kleiner Heimatstube wird ein Leuchtturm

## Über die Arbeit des Heimatmuseums Dissen

Kathrin Schwella

Dissen wäre eigentlich ein ganz (stink)normales Dorf, wenn da nicht die vielen Storchennester, die wunderschöne Fachwerkkirche und das liebevoll geführte Heimatmuseum wären […]", so schrieb vor über 20 Jahren eine Journalistin.

1983 hatte Erika Jahn, eine ehemalige Lehrerin, im Ort begonnen, Exponate zu sammeln, welche die Bewohner teilweise entsorgen wollten. Das war der Beginn der Heimatstube Dissen in der früheren Schule. Es wurde zudem eine Ausstellung über Mina Witkojc initiiert, die sorbische/wendische Dichterin aus Burg im Spreewald.

Vier Jahre später entstand durch Kuratorinnen des Wendischen Museums Cottbus die erste Konzeption für die beiden großen Ausstellungsräume. 1991 gründete sich der Förderverein Heimatmuseum Dissen e. V. In den folgenden zehn Jahren ist das Museum Stück für Stück erweitert worden, sodass Besucherinnen und Besucher heute acht liebevoll gestaltete Räume erkunden können. Dazu werden Sonderausstellungen mit Künstlern der Region umgesetzt.

Inzwischen hat sich dieses Ensemble in dem kleinen Ort Dissen um einiges Interessantes und Sehenswertes erweitert. In der zur alten Schule gehörenden Scheune ist der neu gestaltete Eingangsbereich zum Museumskomplex entstanden. Dazu gehört seit 2013 der mittelalterliche slawische Siedlungsausschnitt „Stary lud", in dem die Gäste in das slawische Mittelalter vor etwa 1.000 Jahren eintauchen können und seit 2016 der Arznei- und Gewürzpflanzengarten mit seinen zahlreichen Kräuter und alten Nutzpflanzen. Das Freilichtmuseum mit fünf Grubenhäusern entstand im Ergebnis archäologischer Grabungen während der Renaturierung der Spreeaue, die bis 2011 von Vattenfall durchgeführt wurde. Anhand von Befunden aus den Grabungen sind die Häuser im Freilichtbereich für Besucher nachempfunden worden, um eine Vorstellung zu geben, wie die Lausitz vor circa 1.000 Jahren ausgesehen haben könnte.

Abb.: Bernd Choritz

*Gästeinfo und Heimatmuseum Dissen*

Abb.: Gerd Rattei

*Blick in den 2013 eingeweihten mittelalterlichen Siedlungsausschnitt „Stary lud“*

Die renaturierte Spreeaue mit der Teufelsskulptur, die den Beginn des Spreewaldes markiert, lädt ein, entdeckt zu werden. Das nett eingerichtete Dorfcafé bietet dem Besucher im Anschluss die Möglichkeit zu einer Pause mit einer Tasse Kaffee und köstlichem, selbst gemachtem Eis. Alles Gründe, einmal das kleine Dorf Dissen zu besuchen, das 2019 eine Goldmedaille im Bundeswettbewerb „Unser Dorf hat Zukunft“ gewonnen hat.

Aber eine ganz besondere Einrichtung ist und bleibt das sorbische/wendische Heimatmuseum Dissen mit seinem Freilichtbereich „Stary lud“. Etwa 12.000 Gäste besuchen jährlich dieses museale Kleinod, und selbst im Corona-Jahr 2020, in dem das Museum fast sechs Monate schließen musste, kamen über 8.700 interessierte Besucher. Staatssekretäre, Botschafter und Gäste aus der ganzen Welt, wie zum Beispiel in den USA und in Australien lebende Nachfahren der vor circa 150 Jahren ausgewanderten Sorben/Wenden.

Worin liegt das Geheimnis des Heimatmuseums, und was macht es so ungewöhnlich? Sind es die attraktiven Radwege, welche die Urlauber und Gäste aus dem Spreewald und der Stadt Cottbus animieren, hierher zu kommen oder die individuellen Angebote? Reizen vielleicht die liebevoll gestalteten Sonderausstellungen, Veranstaltungen, die interessanten Führungen oder die individuelle Betreuung durch die Mitarbeiter der Gästeinformation unsere Besucher, das Museum zu besuchen? Kann die individuelle Betreuung der Touristen die Antwort sein oder das Mitmachen und mit allen Sinnen „Begreifen“, wie beim Buttern, Bratäpfel füllen oder der Museumssafari für Familien? Wir denken, es ist das Gesamtpaket, und jeder Besucher nimmt seine ganz eigenen positiven Eindrücke von den vielen individuellen Angeboten aus dem kleinen Dorf Dissen mit. Die Gäste faszinieren die vielen neuen Aspekte, die sie erfahren können, interessante Dinge einer wenig bekannten Kultur, die sie bisher noch nicht wussten oder auch fachlich vertiefen können und die liebevolle Betreuung durch die Mitarbeiter.

Abb.: Rolf Radochla

*Die renaturierte Spreeaue mit der von Hans-Georg Wagner geschaffenen Skulptur zur Teufelssage über die Entstehung des Spreewaldes*

Was „Blau machen" mit dem Blaudruck zu tun hat, warum Schlangen in den sorbischen/wendischen Sagen gute Tiere sind oder warum Flachs/Leinen aus dem Lateinischen übersetzt, das „unheimlich Nützliche" heißt – alles das erfahren sie in einer der beliebten Führungen durch unsere Mitarbeiter, manchmal auch mit einem Augenzwinkern.

Das kleine, ganz engagiert arbeitende Museumsteam erfindet sich immer wieder neu. Aber auch die Mitglieder des Fördervereins des Heimatmuseums Dissen entwickeln attraktive Ideen für das Museum, wie zum Beispiel der im Jahr 2018 entstandene Zeitstrahl, die Umgestaltung der Dauerausstellung im Winter 2019/2020 und deren Eröffnung im März 2020. Ein wichtiges Projekt ist die Wiederbeschaffung des einst beliebten Fotomotives vor dem Heimatmuseum, die Bank mit Starka und Starki (Oma und Opa), die 2021 festlich eingeweiht wurde, oder die vielen kleinen Projekte, die den Besuchern immer wieder neue Anreize bieten, wie die Erweiterung und der Ankauf der Repliken für die Häuser im Freilichtbereich. Die Mitglieder des Fördervereins setzen diese Ideen gemeinsam mit dem Museumsteam um oder unterstützen das Museum bei Gruppenführungen, Projekten, Wochenenddiensten, Festen und Veranstaltungshöhepunkten.

Der Zeitstrahl, der das Museum mit dem Freilichtbereich verbindet, fasziniert viele Besucher mit ungewöhnlichen Informationen. Bekannte weltgeschichtliche Ereignisse erscheinen

Abb.: Edeltraud Radochla

*Künstler unter freiem Himmel 2019*

neben ganz regionalen Geschehnissen aus unserer Umgebung, aber auch interessante Fakten für Kinder lassen die Besucher an dem Zeitstrahl verweilen.

Im Jahr 2019 wurde die Veranstaltung „Künstler unter freiem Himmel" ins Leben gerufen. Sie bietet Künstlern der Region eine Möglichkeit, sich zu präsentieren, und die Gäste schauen bei der Arbeit über die Schulter, erleben also, wie kleine Kunstwerke der verschiedenen Genres entstehen.

Im Sommer 2021 will das Museumsteam die Familien und Kinder mit einem deutsch-slawischen Märchenfestival überraschen. Der Förderverein hat sich hierzu beim Wettbewerb „Kulturelle Heimat Lausitz" beworben und die Förderung für ein größeres Projekt erhalten. So kann auch dieses neue Format ein Highlight in den kommenden Jahren werden.

Trotz der vielen Besucher und einer breiten Unterstützung benötigt das Museum jede Hilfe. Das Team lässt sich nicht entmutigen und schaut nach vorn, sucht nach neuen Ideen und Lösungen. Besuchen Sie uns einmal und überzeugen Sie sich selbst!

# Vetschauer Pioniere der Volksbildung

## Zur Geschichte der Vetschauer Stadtbibliothek

Edeltraud Radochla

Das 19. Jahrhundert stand im Zeichen vieler gesellschaftlicher Umbrüche: Wiener Kongress, Separation, 48er Revolution, Reichsgründung, Industrialisierung, Eisenbahnbau ... Auch für die kulturelle und die Bildungsentwicklung entstanden neue Herausforderungen. Bildung heißt Lesen, heißt allgemeiner Zugang zu Informationen. Eine Grundlage dafür bilden bis heute öffentlich zugängliche Bibliotheken.

Die erste Bibliothek in Deutschland mit dem Anspruch, alle Bevölkerungsschichten anzusprechen, entstand 1828 mit der Gründung der Vaterländischen Bürger-Bibliothek durch Karl Benjamin Preusker in Großenhain.[1] Große Städte wie Berlin oder Leipzig folgten, aber auch kleinere Orte und Landgemeinden. Doch die ersten so entstandenen Volksbibliotheken erwiesen sich bald als unzulänglich.

In den 1890er Jahre begann die sogenannte „Bücherhallenbewegung" oder auch Volksbüchereibewegung.[2] Ihr Vorbild waren die öffentlichen Bibliotheken (*public libraries*) in den USA und Großbritannien. Ziel war es, eine Reform der Volksbibliotheken herbeizuführen, um die Volksbildung zu fördern und den gewachsenen Ansprüchen des Industriezeitalters anzupassen.

Namhafte Bürger der Stadt Vetschau gehörten zu den ersten in der Niederlausitz, die diese Entwicklung aufgriffen und im Sommer 1891 auf Initiative des Rektors Isaak den „Volksbildungsverein Vetschau" gründeten. Der Verein zählte zu Beginn 75 Mitglieder, es waren Handwerker, Kaufleute, Lehrer oder Gastwirte. Dem ersten Vorstand gehörten Schuhmachermeister Fritz Braunsdorf, Schlossermeister Gustav Haupt sen., Fleischermeister Friedrich Matschenz und Tischlermeister Gustav Pörner an. Der Verein genoss die Unterstützung der Stadt sowie bekannter Unternehmerfamlien, so der Lehnigks, der Blütchens oder der Griebenows, später auch der Hellmann-Stiftung.[3]

Schon am 1. November desselben Jahres konnte der Verein die freiwillige Fortbildungsschule mit 54 Schülern eröffnen. Das war zu jener Zeit einmalig in der Region. Ein zweiter Aufgabenschwerpunkt war die Veranstaltung von „Unterhaltungsabenden mit musikalischen und belehrenden Vorträgen".[3] Mit den hier erzielten Ein-

1) www.museen-grossenhain.de

2) wikipedia: Bücherhallenbewegung

3) Bücherverzeichnis der Volksbücherei Vetschau. Gegründet 1891, Eigentum des Volksbildungsvereins. Vetschau/Spreewald 1931

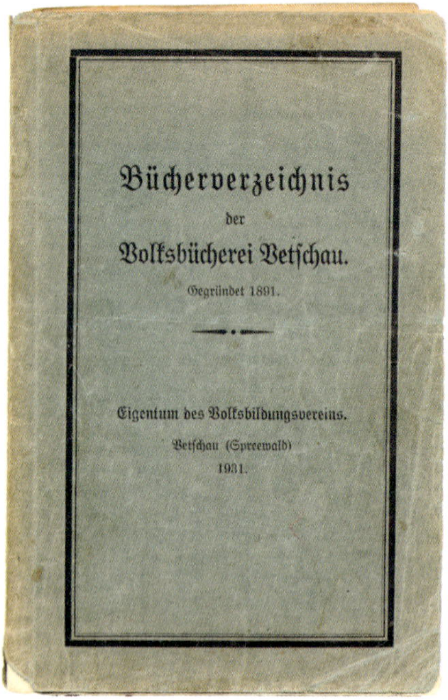


Abb.: Sammlung Bibliothek Lübbenau-Vetschau

nahmen wurde das dritte „Standbein", die Volksbücherei ins Leben gerufen. Der Verein schloss sich der „Berliner Gesellschaft für Fortbildung" an und konnte sich so überregional vernetzen. Waren es 1899 noch 600 Bände, so war 1914 der Buchbestand auf 1.500 Bände angewachsen.

Besonders die Fortbildungsschule hat sich in den Jahren vor dem Ersten Weltkrieg rasant entwickelt. Sie wurde nach dem Krieg 1919 in eine städtische Pflichtberufsschule umgewandelt. In der Bibliotheksfrage entschied sich der Verein anders. Trotz der schwierigen Nachkriegslage mit Inflation und materieller Not behielt der Verein die Volksbücherei in seinen Händen, wurde Mitglied des Provinzialverbandes brandenburgischer Büchereien und schloss sich an die staatliche Büchereiberatungsstelle zu Frankfurt/Oder an. Viele Bücher waren inzwischen veraltet oder hatten infolge schlechten Papiermaterials an Qualität gelitten. Mit Unterstützung der Stadt konnten wieder Neuanschaffungen getätigt werden. Aus Archivunterlagen geht hervor, dass im Jahr 1928 an 33 Ausleihtagen von 524 Lesern 1.081 Bücher entliehen wurden. Die Notwendigkeit der Erstellung eines Bücherverzeichnisses wurde immer dringender; es wurde erstmals zum 40-jährigen Bestehen 1931 herausgegeben.[4]

Welcher Kraftaufwand an ehrenamtlicher Arbeit in die Bibliothek geflossen ist, erschließt sich indirekt aus einem Unterstützerschreiben der Staatlichen Bücherberatungsstelle in Frankfurt/Oder nach der Herausgabe des Bücherverzeichnisses an den Magistrat der Stadt Vetschau: „Jeder, der auf diesem schwierigen Gebiet der öffentlichen Bildungspflege zu arbeiten hat, weiß, unter welchen unsagbaren Hindernissen und Hemmungen diese Arbeit sich heute vollzieht und wie sich an diese Arbeit die allgemeine Wirtschaftsnot wie ein Bleigewicht hängt [...] Nun wird gerade in den Provinzstädten eine leistungsfähige Bücherei das Rückgrat für jede Art von volksbildnerischen Bestrebungen bleiben; denn die Provinz verfügt nicht über die

4) Bücherverzeichnis der Volksbücherei Vetschau. Gegründet 1891, Eigentum des Volksbildungsvereins. Vetschau/Spreewald 1931

Abb.: Sammlung Bibliothek Lübbenau-Vetschau

*Kerstin Hellmann (l.) und die Leiterin Dagmar Schierack (r.) in der Abteilung Kinderliteratur*

vielfältigen Bildungsmittel, die in den Großstädten dem Bildungshungrigen zur Auswahl stehen." Das neue Bücherverzeichnis beweise, dass der Buchbestand mit Weisheit, Umsicht und literarischem Verständnis ausgewählt worden sei. Die Volksbücherei Vetschau stelle daher „eine mustergültige Lösung des Volksbildungsproblems in einer Provinzstadt dar".[5]

Schließlich ging die Bibliothek 1939 mit 2.000 Bänden an Buchbestand in den Besitz der Stadt Vetschau über. Über die Zeit bis 1945 ist in den Archiven wenig überliefert. Nach Kriegsende erfolgten eine Sichtung des Buchbestandes und die Aussonderung faschistischer Literatur, sodass bereits im Herbst 1945 die Bücherei am Markt wiedereröffnet werden konnte.

In den Folgejahren zog die Bibliothek mehrfach um, so ins Stadtschloss, in die Karl-Marx-Straße, die Kirchstraße. Seit 1994 befindet sie sich schließlich in der Maxim-Gorki-Straße.

1966 hatten die Leser erstmals die Möglichkeit, ihre Literatur am Regal selbst auszuwählen. 1981 übernahm die Einrichtung die Aufgaben einer Stadt- und Zentralbibliothek und versorgte nicht nur die Vetschauer Bürger, sondern auch all die inzwischen entstandenen Gemeindebibliotheken des Ge-

5) Stadtarchiv Vetschau/Spreewald

meindeverbandes. Leider wurden diese nach 1990 alle wieder „abgewickelt". Seit 1984 konnte durch umfangreiche Um- und Ausbauten in der Kirchstraße auch eine Kinderbibliothek angeboten werden.[6]

Auf rund 240 Quadratmetern haben 1994 etwa 800 Leserinnen und Leser die Räume in der Maxim-Gorki-Straße in Besitz genommen. 45.000 Entleihungen bewiesen kontinuierlich die Unverzichtbarkeit der Bibliothek für Bildung, Kultur, Hobby und Freizeit. Inzwischen gehören auch CDs, CD-ROMs, MCs, DVDs und Videos zu den angebotenen Medien.[6]

Seit 2008 gibt es nun die Bibliothek Lübbenau-Vetschau in gemeinsamer Trägerschaft beider Städte und mit Ausleihstellen in beiden Orten. Zudem bestehen Kooperationsvereinbarungen mit den ortsansässigen Schulen.

2009 erfolgte die Einführung des Online-Katalogs und im Mai 2015 startete die Onleihe. Nun können angemeldete Leserinnen und Leser auch per Mausklick ins Bücherregal.[6] Im Jahr 2016 feierte die Ausleihstelle Vetschau ihren 125. Geburtstag mit zahlreichen Gästen und einem Abendprogramm.

Die erfolgreiche und anerkannte Arbeit der Vetschauer (Lübbenau-Vetschauer) Bibliothek wäre nicht möglich ohne die qualifizierte und engagierte Arbeit ihrer Mitarbeiterinnen in der Bestandspflege, Kundenberatung und Ausleihe. Bis 1961 wurde die Bibliothek ehrenamtlich betreut. Das waren 1945 bis 1949 Irmgard Ruben, dann bis 1954 Erika Ruben und danach bis 1961 Kurt Neumann. Sie erhielten eine vierteljährliche Aufwandsentschädigung von 25 Mark.

1961 begann Christine Guddat als hauptamtliche Leiterin und blieb bis zum Jahr 2000. 1969 und in den 1970er Jahren kamen Gisela Arlt und Eva Metzner als Mitarbeiterinnen hinzu. Seit 1985 ist Kerstin Hellmann als Bibliotheksassistentin dabei und 1991 begann Dagmar Schierack ihre Tätigkeit als Diplombibliothekarin. Seit 2000 leitet sie die Einrichtung. Ihr verdanken wir auch den Einblick in die hier dargestellte Geschichte.

„Von Beginn an bin ich sehr zufrieden und das sind schon etliche Jahre. Beide Bibliothekarinnen sind stets für mich ansprechbar und haben mich sehr gut beraten." – „Eine Stadt ohne Bibliothek ist eine tote Stadt." So einige Lesermeinungen im Gästebuch aus dem Jahr 2010.

Und im Gästebuch 2020: „Der Service über die Anfangszeit des Virusinfekts war sehr gut, Danke!" – „Es ist schön, dass es in Vetschau eine Bibliothek gibt, ohne sie wäre es kulturell trostlos. Personal ist sehr nett und zuvorkommend. Es wäre schön, wenn mehr Geld in neue Bücher investiert werden könnte ..."

6) www.stadt-vetschau.de /bildung-soziales-freizeit/bibliothek-luebbenau-vetschau/geschichte-stadtbibliothek-vetschau/

# Die Lübbenauer Kirchenbibliothek

## Christian Albrecht Ermels Wirken als Bibliotheksgründer

Michael Mehlow

Vielen Menschen ist Martin Luther als Übersetzer der Bibel bekannt. Er war der Erste, der das Neue Testament nach dem griechischen Urtext ins Deutsche brachte und als Vorlage für die Übersetzung des Alten Testaments die hebräischen Schriften heranzog. Seine Übersetzung der Bibel trug entscheidend dazu bei, dass sich eine einheitliche deutsche Schriftsprache durchsetzte.

Um sich der unendlichen Vielfalt der Schöpfung zu erfreuen, sie zu verstehen, zu schützen und zu bewahren und sich nicht vor ihren Erscheinungen zu fürchten, plädierte Martin Luther dafür, sich nicht nur theologischen Fragen zuzuwenden, sondern sich auch Wissen aus anderen Fachbereichen anzueignen.

Allerdings bemängelte er das Bildungsniveau vieler seiner Landsleute, das dazu beitrug, dass die Deutschen in aller Welt „Bestien heyssen, die nichts mehr können als kriegen und fressen und sauffen." Luther wandte sich deshalb 1524 „An die Burgermeyster und Radherrn allerley stedte ynn Deutschen landen" und rief sie auf, Bibliotheken einzurichten, um der Unwissenheit zu begegnen, denn der „teuffel hat viel lieber unwissende und unnütze leut, das den menschen ja nicht zu wol gehe auff erden."[1]

Als erstes nannte Luther natürlich Bibelausgaben. Weiterhin empfahl er Druck-Erzeugnisse, die dem Erlernen von Sprachen dienten. In der Büchersammlung sollten aber auch Werke aus anderen Wissensgebieten nicht fehlen. Zu den „vornehmsten" zählte er unter anderem „Chronicken und Historien". Da Bücher in damaliger Zeit sehr viel Geld kosteten, konnte sich bei Weitem nicht jede Stadt eine Bibliothek leisten. Die ersten Anfänge, eine Sammlung von Büchern anzulegen, waren meist bescheiden.

Als Christian Albrecht Ermel nach seinem Theologiestudium in Wittenberg 1696 in Lübbenau eintraf, mag er sich gewundert haben, dass die – zumindest wohlhabenden – Bürger der Gemeinde dem Aufruf Luthers bislang so wenig Bedeutung beigemessen hatten, denn eine Kirchen- oder gar Stadtbibliothek existierte in der Spreewaldstadt nicht. Ermel aber benutzte einen großen Teil seines bescheidenen Verdienstes als Kantor, um sich verschie-

1) Luther, Martinus: An die Burgermeyster und Radherrn allerley stedte ynn Deutschen landen. In: Luther, Martin: Werke. Kritische Gesamtausgabe, Bd. 15, Weimar 1899, S. 27–53.

denste Druckerzeugnisse anzuschaffen. 1702 berief ihn der Kirchenpatron Friedrich Casimir zu Lynar zum Rektor und Subdiakon der Pfarrgemeinde und 1706 wurde er schließlich Diakon (Inhaber der zweiten Pfarrstelle).

Sowohl als Rektor als auch als Pastor bemühte sich Ermel, dem Anliegen Luthers gerecht zu werden, um mithilfe guter Bücher die Bildung zu fördern. Allerdings sammelte er hauptsächlich Werke theologischen Inhalts und weniger Bücher aus anderen Wissenschaftsbereichen, wie es Luther einst angeregt hatte. Im Laufe der Jahre wuchs seine Literatursammlung auf über 400 Bände an. Die Bibliothek stand den Kirchenmitarbeitern und Lehrern von Lübbenau zur Verfügung. Darüber hinaus hatten auch andere gelehrte Bürger Zugang zu den Bänden, sofern sie der Bibliothek als einmalige Spende ein Buch übereigneten.

Jeder Leser, der ein Werk ausleihen wollte, musste den Titel auf einem Zettel vermerken, seinen Namen und den Tag der Rückgabe notieren und die gemachten Angaben mit seiner Unterschrift bestätigen. Diesen Leihschein bewahrte der Diakon auf, der die Büchersammlung betreute. So entstand die erste öffentlich zugängliche Bibliothek in Lübbenau. Neben der Lynarschen Bibliothek – in der allerdings nur Mitglieder und Freunde der gräflichen Familie arbeiten durften – gehört sie zu den ältesten Büchersammlungen der Spreewaldstadt überhaupt.

Da die Einwohnerzahl von Lübbenau zunahm, entstand schon 1683 der Gedanke, die alte Parochialkirche Sancti Nicolai abzureißen und an derselben Stelle ein größeres Gebäude zu errichten. Auch Ermel brachte seine Anregungen für den Neubau ein. Er beabsichtigte, die Kirchenbibliothek in der Sakristei unterzubringen. Die Bände sollten in vergitterten Regalen aufgestellt werden, wobei das Gitter mit einem Schloss gesichert sein sollte. Es waren nur zwei Schlüssel vorgesehen, einer für den Kirchenpatron und einer für den Diakon. Hier zeigt sich, welchen Wert Bücher damals hatten. Um sie vor Diebstahl zu schützen, sollten sie sicherheitshalber innerhalb der Kirche zusätzlich verriegelt werden.

Die Errichtung des neuen Gotteshauses erlebte Ermel jedoch nicht mehr. Kurz vor dem Abriss der alten Kirche und dem unmittelbar darauf folgenden Neubau verstarb er am 24. November 1737. Sein Vorhaben, die Bibliothek in der Sakristei einzurichten, mag zu aufwendig und wohl auch zu kostspielig gewesen sein. Jedenfalls blieb die Büchersammlung im Pfarrhaus des Diakons. Noch vor seinem Ableben hatte er verfügt, dass die Bibliothek künftig der Kirchengemeinde gehöre und dass sie „nicht vereusert noch getrennt, vielmehr beysammen behalten, und nach möglichkeit vermehret werden möge".

Ermels Amtsnachfolger Johann Gottlieb Hauptmann und andere Kirchenmitarbeiter sowie einige Lehrer der Stadt griffen immer wieder auf den Bestand dieser ansehnlichen Büchersammlung zurück. Viele Leser fanden sich in der Bibliothek aber nicht ein. Nur einige Bürger verfügten über so viel Geld, sich Druckerzeugnisse zu kaufen, zumal auch bei weitem nicht jeder Einwohner in jener Zeit ausreichend lesen und schreiben konnte. Wenn sich aber der eine oder andere einige Bände zulegte, dann dürften wohl nur sehr wenige bereit gewesen sein, ein Buch der Kirchenbibliothek zu vermachen, um – wie es Ermel einst bestimmt hatte – künftig dort lesen zu dürfen.

Trotz Luthers gut gemeinter Anregung, öffentlich zugängliche Bibliotheken zu gründen, blieb Bildung also auch weiterhin oftmals eine Frage des Geldbeutels. Erst im 19. Jahrhundert nahm die Zahl derer, die interessante Veröffentlichungen lesen wollten (und konnten), zu. Da die Kirchenbibliothek aber zu einem großen Teil Bücher theologischen Inhalts umfasste, blieb sie ein Anlaufpunkt für Liebhaber solcher Themen. Die meisten Bürger bevorzugten aber andere Literatur, weshalb sie ihr Lesebedürfnis nicht in die Kirche, sondern beispielsweise zum Buchbinder Rudolf Stempel führte, der seit 1858 für ein Entgelt unterschiedlichste Druckerzeugnisse verlieh. Im Januar 1901 entstand schließlich eine städtische Volksbibliothek.

Ungeachtet des geringen Zulaufs schätzten Literaturkenner die Lübbenauer Kirchenbibliothek. Selbst Rudolf Lehmann erwähnte sie in seiner Bibliografie der Niederlausitz. Die meisten Bände wurden im 16., 17. und 18. Jahrhundert gedruckt, einige stammten sogar aus der Zeit Luthers.

Abb.: Sammlung Michael Mehlow

*Nikolaikirche Lübbenau, historische Ansicht*

1942 wurde die Büchersammlung in mühseliger Kleinarbeit neu geordnet, sodass sich die einzelnen Bände schneller auffinden ließen. Inzwischen stand im Kirchengebäude eine andere Räumlichkeit zur Verfügung: die Loge, in der früher die Bediensteten der Offiziere der Lübbenauer Garnison am Gottesdienst teilnahmen. Pfarrer Siegfried Haßfeld erstellte 1967 ein Verzeichnis der vorhandenen Bände. 1975 wurde die wertvolle Büchersammlung schließlich nach Brandenburg (Havel) abtransportiert, um sie im dortigen Domstift aufzubewahren. Damit endete die Geschichte einer der ältesten Bibliotheken in Lübbenau.

# 120 Jahre Stadtbibliothek Lübbenau

Günter Noatsch

Das „Wochenblatt für Lübbenau und Umgegend“ (Spreewald), im allgemeinen Sprachgebrauch kurz Lübbenauer Wochenblatt genannt, veröffentlichte in seiner Ausgabe vom 5. Januar 1901 die Ankündigung, dass am 9. Januar 1901 eine Volksbibliothek eröffnet werde.

Jeder Lübbenauer Einwohner sei berechtigt, die Volksbibliothek zu benutzen. Voraussetzung sei der Erwerb einer Ausleihkarte für 5 Pfennige. Weiterhin bedürfe es einer Lesekarte mit 25 Nummern für 25 Pfennige. Die Leihgebühr eines Buches betrage ein bis fünf Pfennige und richte sich nach der Stärke des Exemplars. Der Betrag werde auf der Lesekarte entwertet.

Die Volksbibliothek war zunächst in der damaligen Mädchenschule untergebracht. In dem Gebäude befindet sich heute das „Haus für Mensch und Natur“ in der Schulstraße 9. Im Laufe der 120-jährigen Geschichte wechselte die Bibliothek mehrmals ihren Standort. So bekam sie im Jahr 1957 Räume im Haus Kirchplatz 6. 1966 erfolgte ein Umzug in die Hauptstraße Nummer 5. Diese Straße trägt heute den Namen des Schriftstellers Ehm Welk. Nach 24 Jahren an diesem Standort stand 1990 ein erneuter Umzug an. Die Räume in der Ehm-Welk-Straße mussten zugunsten der Volksbank frei geräumt werden. Die Bibliothek schloss für neun Monate, denn das neue Objekt,

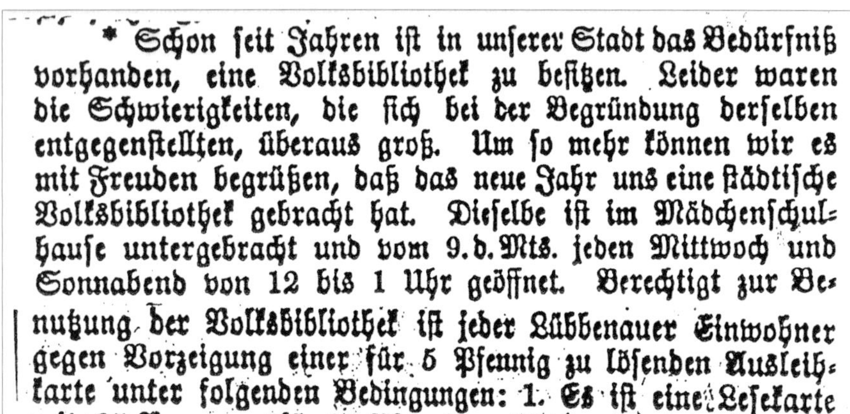

* Schon seit Jahren ist in unserer Stadt das Bedürfniß vorhanden, eine Volksbibliothek zu besitzen. Leider waren die Schwierigkeiten, die sich bei der Begründung derselben entgegenstellten, überaus groß. Um so mehr können wir es mit Freuden begrüßen, daß das neue Jahr uns eine städtische Volksbibliothek gebracht hat. Dieselbe ist im Mädchenschulhause untergebracht und vom 9. d. Mts. jeden Mittwoch und Sonnabend von 12 bis 1 Uhr geöffnet. Berechtigt zur Benutzung der Volksbibliothek ist jeder Lübbenauer Einwohner gegen Vorzeigung einer für 5 Pfennig zu lösenden Ausleihkarte unter folgenden Bedingungen: 1. Es ist eine Lesekarte

Abb.: Günter Noatsch

*Anzeige im Lübbenauer Tageblatt zur Eröffnung einer Bibliothek* die ehemalige Kinderkombination II in der Rudolf-Breitscheid-Straße 23 in der Lübbenauer Neustadt, musste erst für die Bibliothek umgebaut werden. Die Wiedereröffnung erfolgte im Mai 1991. Hier feierte die Bibliothek auch ihren 90. Geburtstag. Den hoffentlich letzten Umzug erlebte die Bibliothek Ende 2003/Anfang 2004. Am 9. Januar eröffnete sie in den Räumen des Kolosseums in der Otto-Grotewohl-Straße 4.

Bevor es jedoch die öffentliche Volksbibliothek in Lübbenau gab, liehen Privatpersonen und auch Buchhändler ihre Bücher teilweise an Interessenten aus. So schrieb im Jahr 2000 die damalige Leiterin des Museums in Lübbenau, Christel Lehmann-Enders, dass der Kaufmann und Buchbinder Rudolf Stempel bereits 1858 in der Presse dafür warb, bei ihm Bücher auszuleihen. „Bei ihm kostete die Ausleihe in der Woche sechs Pfennig, ein monatliches Abonnement siebeneinhalb Silbergroschen."[1]

Die Volksbibliothek startete 1901 mit einem Buchbestand von 475 Bänden und konnte diesen bald steigern. Das geschah durch Neuerwerb und auch durch Spenden von Bürgern der Stadt Lübbenau und aus Orten der Umgebung.

Die Verwaltung und Pflege der Bibliothek lag über Jahre hinweg in den Händen von Lehrern, denn die Bibliothek ist nun einmal ein Ort und ein Mittel der Volksbildung. Als städtische Einrichtung bekam sie einen Etat zur

Abb.: Günter Noatsch

*Schulstraße 9, das erste Domizil der Bibliothek*

Verfügung gestellt, der natürlich kontrolliert wurde und worüber zu berichten war. Der erste Lehrer, welcher die Bibliothek verwaltete, war Herr Fischbach.

Im Lübbenauer Wochenblatt vom 12. November 1907 wurde über die Städtischen Volksbibliothek berichtet: „Es sind bis jetzt 8.740 Bände ausgeliehen worden und zwar 1901 = 1.000 Bände. 1902 = 511 Bände, 1903=278 Bände, 1904 = 899 Bände, 1905 = 1.457 Bände, 1906 = 2.474 Bände und 1907 bis zum gegenwärtigen Zeitpunkt = 2.121 Bände. Von den Neuanschaffungen 1907 sind hervorzuheben: Felix Dahn: Kampf um Rom und Theo-

Abb.: Günter Noatsch

*Hauptstraße 5, heute Ehm-Welk-Straße*

1) Lausitzer Rundschau vom 30. 10. 2000

dor Fontane: Wanderungen durch die Mark Brandenburg. Eine Jahreskarte kostet nur eine Mark. Je mehr Jahreskarten umgesetzt werden, umso mehr vermag die Bibliothek sich zu vergrößern."

Erwähnenswert ist der Fakt, dass bis Mitte der 1950er Jahre die Leitung der Bibliothek grundsätzlich in den Händen von Männern lag. Zwar wurde 1947 eine Frau als Leiterin eingesetzt, aber nur ehrenamtlich. Erst ab 1955 gab es dann eine Planstelle für die Leiterinnen der Bibliothek.

Die Stadtbibliothek ist bezüglich ihres Medienbestandes auch ein Spiegelbild des jeweiligen Zeitgeistes. Die Formen und Arten der Medien änderten sich, die Wünsche der Bürgerinnen und Bürger, aber auch die äußeren gesellschaftlichen und politischen Rahmenbedingungen blieben nicht gleich. Der Erste Weltkrieg brachte es mit sich, dass politisch gewollt Kriegsliteratur verstärkt Einzug in den Buchbestand fand. Nach dem Ende der Weimarer Republik gab es eine weitere einschneidende Zäsur. Der Nationalsozialismus übernahm das Zepter. Mit ihm begann die Gleichschaltung der Gesellschaft im Sinne der nationalsozialistischen Ideen. Das nachfolgende Zitat aus dem Lübbenauer Tageblatt vom 23. Januar 1934 macht dies deutlich:

„Bei einer Erneuerung des deutschen Lebens im völkisch-sozialen Sinne fällt den Büchereien eine schwere, verantwortungsvolle Aufgabe zu. Um einen geschlossenen und erfolgreichen Einsatz der volkstümlichen Büchereien zu ermöglich, hat der Preußische Minister für Wissenschaft, Kunst und Volksbildung eine Neuordnung vorgenommen, die für alle volkstümlichen Büchereien verbindlich sind [...] Alle volkstümlichen Büchereien haben der [...] Beratungsstelle sofort eine Liste ihrer Bücher einzureichen."

Infolgedessen wurde festgelegt, dass Neuanschaffungen nur mit Genehmigung vorgenommen werden durften.

Eine nächste Zäsur folgte 1945 auf der Basis der Festlegungen der Siegermächte. Es galt, die Nazi-Literatur aus den Bibliotheken zu entfernen. Das war eine dringende Notwendigkeit. Auch zu DDR-Zeiten wurde die Literatur nach den gesellschaftlichen Bedingungen bis 1990 ausgewählt. 1990/91 wurde wiederum der Bestand der Bücher gesichtet und andere vorher nicht gewünschte Literatur fand jetzt ihren Platz in der Bibliothek.

Mit dem Aufbau der Großbetriebe in Lübbenau und Vetschau siedelten sich viele Neubürger in den Städten an. Die Betriebe hatten auch kulturelle Aufgaben für ihre Arbeitskräfte und in der Region zu erfüllen. Zu diesem Spektrum gehörten neben reinen Fachbibliotheken auch Betriebsbibliotheken in Trägerschaft der Gewerkschaft. Gerade Letztere waren finanziell recht gut aufgestellt und konnten viele Bücher und andere Medien erwerben. Mit der politischen Wende 1990 wurden diese aufgelöst. Zumindest von den Kraftwerken Lübbenau und Vetschau ist bekannt, dass Material daraus Eingang in die Stadtbibliotheken Lübbenau und Vetschau gefunden hat. Über den Verbleib der Bibliothek des Braunkohlenwerkes ist bis jetzt nichts bekannt.

120 Jahre Lübbenauer Stadtbibliothek heißt auch, sich an die Gegebenheiten anzupassen und mit der Zeit zu gehen. Waren es anfangs nur Bücher, die man ausleihen konnte, so sind später neue Medien hinzugekommen. Es konnten zum Beispiel über Jahre Tonkassetten und Schallplatten ausgeliehen werden. Dann kamen neue Medien, wie Hörbücher, Zeitschriften, DVDs, CDs, Konsolenspiele und Tonie-Hörfiguren in die Ausleihe. Das einzige Medium, welches sich von Beginn an erhalten hat, ist das gedruckte Buch.

Eine öffentliche Bibliothek ist eine kommunale Aufgabe und kostet natürlich auch Geld. Die Gebühren immer höher zu treiben, ist kontraproduktiv für den Anreiz zur Benutzung der Einrichtungen. Und wenn die Kommunen knapp bei Kasse sind, wird überall nach Einsparmöglichkeiten gesucht. So ergeht es auch unseren Kommunen. Bereits im Jahr 1997 wurde zum Beispiel der Bibliothek in Lübbenau das Budget um die Hälfte gekürzt, wie die Lausitzer Rundschau am 2. Dezember 1998 berichtete. Es konnten nicht mehr so viel Neuerwerbungen oder Austausche vorgenommen werden. Einsparungen blieben ständig ein Thema.

Abb.: Günter Noatsch

*Die Bibliothek heute im Kolloseum*

Die Städte Lübbenau und Vetschau suchten deshalb seit 2007 nach Möglichkeiten, Spareffekte und zugleich eine Qualitätsverbesserung zu erreichen. Die Idee entstand, beide städtischen Bibliotheken gemeinsam zu betreiben. So wurde ein Betreiberkonzept erarbeitet und ein öffentlichrechtlicher Vertrag geschlossen. Mit der Unterzeichnung dieses Vertrages durch die Bürgermeister der beiden Städte am 14. Dezember 2007 (Lausitzer Rundschau vom 15. Dezember 2007) wurde die Zusammenlegung der beiden Bibliotheken ab 1. Januar 2008 besiegelt.

Grundlagen dieser Niederschrift sind Abhandlungen in diversen Medien über die Geschichte der Stadtbibliothek in den vergangenen Jahren sowie persönliche Berichte und Aufzeichnungen ehemaliger Bibliotheksleiterinnen.

# Abendmahlbilder in Krieschow und Papitz

## Gemälde nach Peter Paul Rubens mit Zutaten nach Maarten de Vos

Rudolf Bönisch

Die meisten Kirchengemälde sind in der Barockzeit entstanden. Das betrifft auch die Altaraufsätze und Kanzeln, für welche die Bildwerke bestimmt waren. In der Niederlausitz gab es zum Ende des 17. und in der ersten Hälfte des 18. Jahrhunderts zwei große Kunsttischlereien. Diese statteten viele Kirchen mit Altären, Kanzeln und Taufen aus, da entweder die alten Kirchenausstattungen im Dreißigjährigen Krieg zerstört wurden oder die vorreformatorischen Retabel durch protestantisches Kirchenmobiliar ersetzt werden sollten. Dieses waren die Werkstätten von Abraham Jäger in Finsterwalde und von Georg Wolschke in Calau.

Abraham Jäger, der aus Triebel stammte und 1663 in Finsterwalde heiratete, schuf von 1670 bis zu seinem Tod im Jahr 1714 unter anderem 24 Altaraufsätze aus Holz[1]. Seine Markenzeichen sind Engelsköpfe an den Konsolen der gedrehten Säulen. Ein Fortgang der Werkstatt in Finsterwalde ist nicht detailliert nachweisbar. Georg Wolschke in Calau war von 1676 bis 1716 tätig. Von ihm sind nach neuesten Untersuchungen des Verfassers unter anderem zehn Altaraufsätze und ein Orgelprospekt nachweisbar. Er war also bezüglich Kirchenausstattungen weniger produktiv als Abraham Jäger. Die Calauer Werkstatt wurde vom Sohn Gottfried Wolschke bis circa 1742 weitergeführt. Mehrere Altaraufsätze und Umbauten älterer Altäre sind ihm zuzuordnen.

Die Altaraufsätze von Abraham Jäger wurden von mehreren Malern mit Gemälden versehen. Dazu gehören unter anderen der Lübbener Michael Scharbe (in Baruth), Georg Friedrich Schramm aus Breslau (in Senftenberg, Geierswalde, Massen, Lieske, Nehesdorf, Großkrausnik), Christoph Krause aus Großenhain (in Luckau), Christian Zimmermann aus Luckau (in Kümmritz, Lugau, Arenzhain) und Magdalena Sophia Rump aus Dresden (in Trebbus).

Als Maler für die Altaraufsätze von Georg Wolschke wirkten unter anderen ebenfalls Michael Scharbe aus Lübben (in Groß Leine, Werben, Uckro) und Michael Adolph Siebenhaar (in Niebendorf). Sohn Gottfried Wolschke hat die von ihm geschaffenen Altar-

1) Zur ersten Zusammenstellung von Fritz Bönisch: Abraham Jäger, Kunsttischlermeister in Finsterwalde, in: Der Speicher, Heft 6, Görlitz-Zittau 2002, S. 15–34 konnten die Altaraufsätze in Lieske, Kümmritz, Langennaundorf, Wiederau, Stülpe, Stechau und Welsickendorf dazu aufgefunden werden. Rudolf Bönisch hat zu den Bildwerken an den Altaraufsätzen in Lieske, Welsickendorf und Senftenberg publiziert.

*Bild 1. Tafelbild des letzten Abendmahles am Altaraufsatz von Georg Wolschke 1680 in der Dorfkirche Krieschow*

aufsätze selbst mit Bildern versehen[2].

In der Dorfkirche Krieschow steht ein großer Altaraufsatz von 1680 aus der Werkstatt von Georg Wolschke[3]. Das im typischen Knorpel- und Ohrmuschelstil dieser Zeit errichtete Altarwerk enthält sieben qualitätsvolle Gemälde von denen der Maler nicht bekannt ist. Die Bilder des Lebens Jesu von der Geburt bis zur Auferstehung wurden, wie dieses im Barock üblich war, nicht vom ausführenden Maler komponiert, sondern nach druckgrafischen Vorlagen kopiert und farbig gestaltet. So wurde das Gemälde der Anbetung der Hirten in der Predella nach einem Stich von Egidius Sadeler nach Hans Speckaert, die Geißelung Christi nach Wolfgang Kilian, die Grablegung in Kopie eines Kupfers von Lucas Kilian nach Jacopo Tintoretto und die Auferstehung Christi nach einem Kupferstich von Cornelis Cort nach Giulio Clovio gemalt.

Die Vorlage für das Gemälde des letzten Abendmahls (Bild 1) war ein Kupferstich von Boetius Adamsz Bolswert. Dieser 65,8 mal 49,5 Zentimeter große Stich entstand 1632/33 nach einem Gemälde von Peter Paul Rubens. Bolswert hat diesen Kupferstich auch verlegt (Bild 4)[4]. Boetius wurde um 1585 in dem Städtchen Bolswert in Friesland geboren und starb in Antwerpen Ende 1633. 1610 kam er nach Amsterdam oder Utrecht im eigentlichen Holland. Seine Entwürfe lieferte

2) Christian Dienel: Aus den Pfarrkirch- und Gutsakten Groß-Jehser 1658–1910. Chronik 2 der Gemeinde Groß-Jehser mit Erpitz und Mallenchen, Groß-Jehser 1996, S. 5 „In den Kirchenrechnungen von 1720 bis 1725 stoßen wir auf den Namen Wolschke, Tischler und Mahler aus Calau."

3) Die Kunstdenkmäler des Stadt- und Landkreises Cottbus. Berlin 1938, S. 149.

4) Das Rijksmuseum Amsterdam hat diesen Stich unter der Inv.-Nr. RP-P-OB-67.486 in seinen Beständen.

ihm zu jener Zeit vor allem der Maler Abraham Bloemaert, nach dem er verschiedene Folgen mit Landschaften stach. 1620 wurde er als guter Katholik Mitglied der von den Jesuiten geleiteten Sodalität (Bruderschaft) der bejahrten Junggesellen und ab 1620/21 freier Meister der St. Lucasgilde. Boetius Adamsz Bolswert hatte schon in Holland seine Stiche verlegt. In Belgien betrieb er einen eigenen Verlag. Die Vorlagen für seine Stiche kamen von Peter Paul Rubens und anderen flämischen Malern. Grundlage für den Kupferstich des letzten Abendmahles war für Bolswert ein Gemälde vom flämischen Maler Peter Paul Rubens (1577–1640). Dieses Bild schuf der bekannteste Maler des Barock 1632 als Mittelbild des Sakramentsaltars, den Cathérine Lescuyer zum Andenken an ihren Vater für die Sakramentskapelle in St. Romuald in Mechelen stiftete. Das Ölgemälde auf Holz ist 205 Zentimeter breit und 304 Zentimeter hoch. Das Gemälde des Abendmahls befindet sich heute in der Pinacoteca di Brera in Mailand[5].

Das 43,0 mal 94,5 Zentimeter große Tafelgemälde und der dazu seitenverkehrte Stich zeigen Christus mit seinen zwölf Jüngern am Tisch bei der Segnung des Brotes, das er in der Hand hält. Auf dem Tisch steht nur ein gläserner Kelch. Der Verräter Judas Ischariot ist dadurch erkennbar, dass er im Vordergrund sitzend als Einziger zum Betrachter schaut, und dass unter seinen Füßen ein Hund mit einem Knochen im Maul liegt. Das Motiv des Hundes hat eine symbolische Relevanz. Auf einem seitlichen Altar befindet sich ein aufgeschlagenes Buch. Die beiden Leuchter, zwei Kerzen auf dem Tisch und das Mondlicht über dem Vorhang erhellen die Szene in interessanter Weise. Die Krieschower Kopie nach dem Stich zeigt nur die Gruppe der zwölf Jünger mit Christus. Aufgrund des querrechteckigen Formates konnte der Maler den im Stich gezeigten Raum nur sehr reduziert darstellen. Judas bekam zur besseren Erkennbarkeit einen Geldbeutel in die Hand (Bild 3), und statt der Gefäße steht ein Brotkorb mit heraushängendem Tuch auf dem Fußboden.

Der Kupferstich mit dem Abendmahl nach Rubens ist sehr häufig kopiert worden. So gibt es aus der Zeit von 1652 bis 1746 in evangelischen Kirchen von Langenhennersdorf in der Sächsischen Schweiz bis Rappin auf Rügen mindestens 38 Kopiegemälde. Das bisher einzige aufgefundene Holzrelief befindet sich am Altaraufsatz aus Vorberg, der seit dem Bergbau bedingten Abriss des Ortes mit der Kirche in der Calauer Stadtkirche steht[6]. Im Krieschower Nachbarort Papitz gibt es auch einen Altaraufsatz von Georg

5) Germano Mulazzani: Die großen Meister der Malerei. Peter Paul Rubens II, Werksverzeichnis, Ullstein KunstBuch Frankfurt (Main) 1981, Gemälde Nr. 497 (497A) S. 56, Abbildung S. 54.

6) Rudolf Bönisch: Großer Meister am kleinen Altar. Ein Abendmahlsrelief nach Rubens aus der Kirche Vorberg. In: Calauer Heimatkalender 2021, 18. Jg., Hrsg.: Heimatverein Calau e. V., S. 86–92.

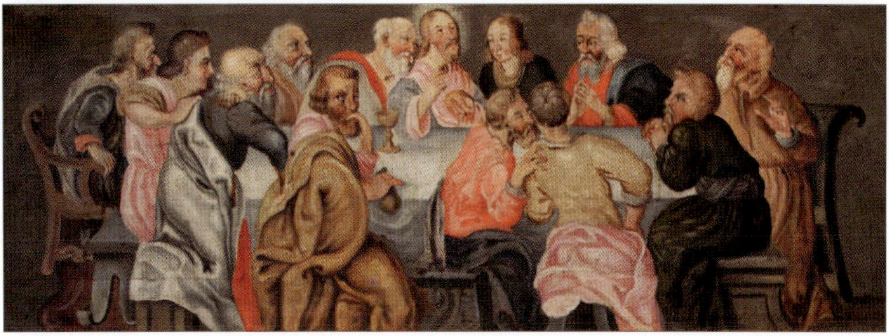

*Bild 2. Tafelbild des letzten Abendmahles am Altaraufsatz von Georg Wolschke in der Dorfkirche Papitz*

Wolschke, der jedoch möglicherweise durch Umbauten weniger mit dem Krieschower Altar vergleichbar und auch nicht datiert ist[7]. Der obenauf stehende Posaunenengel entspricht dem in Krieschow.

Die Bildauswahl beider Altäre ist ähnlich, jedoch wurde zum Beispiel für die Auferstehung Christi in Papitz ein anderer Kupferstich als Vorlage genutzt. Am Altaraufsatz befindet sich auch ein Abendmahlgemälde nach dem Kupferstich von Boetius Adamsz Bolswert (Bild 2). Auf diesem 25 mal 91 Zentimeter großen Bild wurde im Gegensatz zu Krieschow nur noch die Abendmahlsgemeinschaft mit Christus und den zwölf Jüngern gezeigt und auf alle Details des Raumes völlig verzichtet. Auch auf diesem Gemälde segnet Christus das Brot, der Abendmahlskelch steht daneben. Judas erhielt auch einen Geldbeutel in die Hand (Bild 3).

Auffällig ist jedoch, dass die vorn rechts neben Judas sitzenden, miteinander flüsternden Jünger nicht vom Kupferstich des Bolswert stammen. Auf dem Stich befindet sich an dieser Stelle ein bartloser Jünger mit einer Serviette in der Hand, der halb sitzt und halb steht. Für diesen Austausch hat der Maler auf der gegenüberliegenden Tischseite einen Jünger weniger gemalt und aus einem anderen einen betenden Jünger gemacht.

Die beiden mit einander flüsternden Jünger wurden von einem anderen Kupferstich in das Papitzer Rubens-Bild hineinkopiert (Bild 6). Diesen 23,7 mal 20,1 Zentimeter großen Stich, der das Abendmahlsgeschehen in einer Komposition von Maarten de Vos zeigt, hat Jan Sadeler 1582 gestochen und verlegt (Bild 5)[8]. Offensichtlich hat dem Maler dieser zweite Stich aus einer Passionsserie nach Maarten de Vos auch zur Verfügung gestanden. Diese Stich-

7) Das Erbauungsjahr der Kanzel und das datierte Bildnis des Calauer Pfarrers Johannes Korn auf der ehem. Kanzeltür, beides 1682, muss nicht dem des Altaraufsatzes entsprechen. Die Kanzel war zeitweise in den Altaraufsatz eingebaut.

8) Herzog August Bibliothek Wolfenbüttel Graph. A1: 2373c, Herzog Anton Ulrich-Museum Braunschweig JSadeler AB 3.224.

*Bild 4. Kupferstich des letzten Abendmahles von Boetius Adamsz. Bolswert 1632/33 nach einem Gemälde von Peter Paul Rubens (Graphische Sammlung R. Bönisch)*

*Bild 5. Kupferstich des letzten Abendmahles von Jan Sadeler nach Maarten de Vos 1582 (Herzog-Anton-Ulrich-Museum Braunschweig J. Sadeler AB 3.224)*

*Bild 3. Gegenüberstellung der Figuren des Judas Ischariot aus dem Kupferstich (Bild 4) und den Tafelbildern des letzten Abendmahles an den Altaraufsätzen in Krieschow (Bild 1) und Papitz (Bild 2)*

serie, bestehend aus einem Titelkupfer und 15 Illustrationen, wurde mehrfach nachgestochen und verlegt[9]. Auch das Blatt des Abendmahls wurde an verschiedenen Altaraufsätzen kopiert. So unter vielen anderen am Altar des Bildhauers Andreas Schultze in Freienhufen (1657)[10] und am Altaraufsatz der ehem. Dorfkirche Tornow (1664)[11], der heute in der Stadtkirche Calau aufbewahrt wird.

Der Antwerpener Maarten de Vos wurde 1532 geboren und starb 1603 in seiner Heimatstadt. Er schuf Altarbilder für mehrere belgische Kirchen. Seine umfangreichen Zeichnungen zu biblischen Themen wurden von mehreren Stechern oft erst nach seinem Tod in Kupfer gestochen.

Jan Sadeler gehört zu einer großen flämischen Kupferstecherfamilie, die in ganz Europa tätig war. Jan wurde 1550 in Brüssel geboren, lernte in Antwerpen Maarten de Vos kennen und arbeite mit ihm viele Jahre zusammen. Er starb 1600.

Bei näherer Betrachtung dieses Kupferstiches von Sadeler fällt der Korb mit Broten auf, der neben den Gefäßen auf dem Fußboden steht und aus dem ein Tuch heraushängt. Dieser Korb ist auf dem oben beschriebenen Bild des letzten Abendmahles nach Rubens in Krieschow zu sehen (Bild 7). Der Maler des dortigen Altars besaß also ebenfalls neben dem Stich von Bolswert auch den von Sadeler.

Diese Beobachtung dürfte eine deutliche Unterstützung für die Annahme

9) Als Verleger von Nachstichen sind Jan Bussemacher (um 1580-nach 1616), Pierre Firens (1580-1638) und Paul Fürst (1608–1666) in Nürnberg bekannt.

10) Rudolf Bönisch: Bildhauer Andreas Schultze nutzte flämische Vorlage. Neue Erkenntnisse zum Abendmahlsrelief am Altar von 1657 in Freienhufen. In: Kippensand 2017, Heimatkalender für das Senftenberger Gebiet, 5. Jg. Radochla-Verlag Werben 2017, S. 23–24.

11) Rudolf Bönisch: Der Altaraufsatz in der Dorfkirche Goßmar bei Sonnewalde und sein Pendant aus der ehem. Dorfkirche Tornow bei Calau. In: Sonnewalder Heimatblätter, Ausgabe 16, Regia-Verlag Cottbus 2016, S. 55–81.

*Bild 6. Gegenüberstellung zweier Jünger beim letzten Abendmahl aus dem Kupferstich von Jan Sadeler (Bild 5) und dem Tafelbild am Altaraufsatz der Dorfkirche Papitz (Bild 2)*

sein, dass der namentlich unbekannte Maler beide Altäre mit Gemälden ausgestattet hat.

Interessanterweise kommt dieser Brotkorb in etwas lockerer Malerei auch auf den Abendmahlgemälden des Tischlers und Malers Gottfried Wolschke vor, der seinem Vater beim Bau von Altaraufsätzen und Kanzelaltären in der Niederlausitz folgte. Das betrifft die Abendmahlgemälde in Friedersdorf (1716), Gulben (1717), Groß Jehser (1725), Pitschen-Pickel (1725/26), Bornsdorf (1730), Illmersdorf (1742), Riedebeck (heute in Werben) und Gahlen. Diese Bilder wurden, abgesehen von einer Ausnahme, nach dem Kupferstich des Abendmahls von Christoph Weigel gemalt[12], der 1693 verlegt wurde[13]. Auf diesem sind weder eine Schüssel und Krüge noch ein Brotkorb zu finden. Damit wird deutlich, dass der Abendmahlsstich des Jan Sadeler nach Maarten de Vos in der Calauer Werkstatt vorlag. Nach der Nutzung 1680 bei Georg Wolschke hat Sohn Gottfried bei Verwendung des damals modernen Stiches von Weigel den Brotkorb weiter gemalt.

Bemerkenswert ist auch, dass der Vorlagestich für das Auferstehungsgemälde nach Giulio Clovio am Kriechower Altaraufsatz auch an einer Großzahl der Altarbauten des Gottfried Wolschke genutzt wurde. Die Auferstehungsgemälde nach 1716 sind allerdings keine wörtlichen Übernahmen des Stiches, sondern teils starke Abweichungen von Original.

12) Rudolf Bönisch: Die Bilder des letzten Abendmahles in den Kirchen des Elbe-Elster-Gebietes. In: Der Speicher. Jahresschrift des Kreismuseums Finsterwalde und des Vereins der Freunde und Förderer des Kreismuseums Finsterwalde e. V., Heft 18 (2018), Verlag Gunter Oettel Görlitz/Zittau, S. 31–108. Auf S. 70 wurde der Stich entsprechend der Angabe der Herzog August Bibliothek Wolfenbüttel Graph. A1: 2458 als von Johann Jakob von Sandrart nach Giovanni Lanfranco gestochen aufgeführt.

13) Kupferstich aus: „Abbildung des bittern Leidens und Sterbens, siegreicher Auferstehung von den Todten, und triumphierender Himmelfahrt Jesu Christi, Unseres Herrn und Heylandes", Augsburg Anno M DC XCIII.

*Bild 7. Gegenüberstellung des Brotkorbes aus dem Kupferstich von Jan Sadeler (Bild 5) und dem Tafelbild am Altaraufsatz in Krieschow (Bild 1)*

Der Stich von Cornelis Cort wurde oft kopiert, neu verlegt und ebenfalls sehr häufig als Gemälde oder der auferstandene Christus daraus als Schnitzfigur an oberen Stellen von Altaraufsätzen in Kirchen genutzt[14].

Vom Kunsttischler Georg Wolschke kennen wir außer seinen Werken nur wenige biographischen Daten. Seit 1678 gehörte er zur Tischlerinnung in Calau, auch wenn er 1676 bereits den Orgelprospekt baute. Seine vier Söhne erlernten das Tischlerhandwerk[15]. Der Maler für die Altaraufsätze in Krieschow und Papitz ist uns unbekannt. Es ist sehr unwahrscheinlich, dass er wie sein Sohn Gottfried auch Malerarbeiten ausführte. Seine übrigen Altarbauten hat er beziehungsweise die Kirchengemeinden als Auftraggeber anderen Malern zur Fassung anvertraut[16]. Detaillierte Betrachtungen der Gemälde in den Kirchen und Kenntnisse zur Bildgeschichte lassen meist interessante Zusammenhänge erkennen. Die nach einem Gemälde von Peter Paul Rubens und Details nach einem Entwurf von Maarten de Vos gemalten Bilder des letzten Abendmahles von Christus und den Jüngern vor seinem Tod am Kreuz in den Kirchen Krieschow und Papitz sind ein hervorragendes Beispiel dafür.

Beide Teile der gemischten Bildkompositionen haben ihren Ursprung in Antwerpen. 1582 und 1632 im Abstand von 50 Jahren entstanden, wurden diese nochmals rund 50 Jahre später 1680 an den Altären in Kirchen am Rand des Spreewaldes kopiert.

14) Rudolf Bönisch: Der Auferstandene nach italienischem Vorbild. Die Bildwerke des Altaraufsatzes in Atterwasch bei Guben (Teil 2). In: Gubener Heimatkalender 2021, 65. Jg., Hrsg. Gubener Heimatbund e. V., S. 59–62.

15) Ewa Kruppa: Georg Wolschke – Studie zu einer Niederlausitzer Werkstatt. In: Taufengel in Brandenburg. Eine Bestandsaufnahme. Petersberg 2013, S. 50–55.

16) Das ist wie in Werben durch eine Inschrift nachgewiesen oder wird vom Verfasser aufgrund des Malstils zugeschrieben.

Fotos: Rudolf Bönisch

# Stottoffer Gewerbe im Wandel

## Von Gurken über Arztpraxen bis zur Gästeherberge

Evelyne Lungwitz

Das Niederlausitzer Spreewalddorf Stottoff hatte das Glück, zusammen mit der benachbarten Stadt Lübbenau in der Verkaufsurkunde aus dem Jahr 1315 erwähnt zu werden und feierte natürlich gemeinsam mit Lübbenau 2015 sein großes 700-jähriges Jubiläum. Aus diesem Anlass verfasste der Boblitzer Heimatforscher Bernd Marx in den „Lübbenauer Stadtnachrichten" einen Beitrag zur Ortsgeschichte, der hier mit dankenswerter Genehmigung auszugsweise wiedergegeben wird:

*„[...] wird das Dorf ‚Stotup-Stotthof' in einem kurzen historischen Abriss vorgestellt, das seit 1928 ein Stadtteil von Lübbenau ist. Vermutlich kann ‚Stotup', wie der Namenszug erstmals 1315 auf einer Urkunde erschien, auf eine über tausendjährige Geschichte zurückblicken. 700 Jahre lassen sich belegen [...]*

*Durch das Dorf Stotup floss einst die Dobra [...] Das Wasser der Dobra diente nicht nur der Versorgung von Mensch und Tier, sondern war auch ein bequemer Verkehrs- und Transportweg mit den Wasserfahrzeugen zu den örtlichen Hutungen, dem Bereich in der heutigen Lübbenauer Neustadt zwischen dem Roten Platz und dem Spreeweltenbad, oder in den nahen Spreewald hinein [...] Auf einer kürzlich gefundenen Urkunde von ‚Stoßhoff' aus den Jahren 1626/27 werden 20 Grundstückbesitzer genannt [...] Sie sind Besitzer von Kossätengütern und Freisitzer [...]*

*Wissenschaftler vermuten, dass die einstige Bevölkerung des verwüsteten Dorfes Boschwitz bei Groß Beuchow in das Dorf Stotthoff zog. Allerdings sind in Stotthoff auch die Auswirkungen des 30-jährigen Krieges zu spüren [...] Die Bevölkerung hatte im Jahr 1679 einen Erbzins von 38 Talern, 9 Silbergroschen und 4 Pfennigen sowie 1,5 Scheffel (99,43 Liter) Korn, 1,5 Scheffel Gerste und 7 Hühner an die Standesherrschaft abzuliefern.*

*Seit seiner Ersterwähnung im Jahr 1315 gehörte das Dorf „Stotup" zur Standesherrschaft Lübbenau. Im Jahr 1620 wurden in Stotthoff 16 Gehöfte und 1751 32 Gehöfte gezählt [...] Im*

*Stottoffer Kahnfahrt (Dorfstraße) vor 1938*

Abb.: Sammlung Andreas Harms

Abb.: Evelyne Lungwitz

*Die „Stottoffer Kahnfahrt“ heute*

*Jahr 1865 erhöhte sich die Anzahl der Wirtschaften auf 41 Anwesen [...] 1751 wurde die erste [...] Schule für damals 48 Kinder errichtet [...]*

*Die Bevölkerung [...] betrieb in erster Linie Landwirtschaft, Gartenbau und Kleintierzucht. Später [...] siedelten sich Handwerksbetriebe (Schankwirte, Schmiede, Stellmacher, Töpfer, Schuster, Schneider, Uhrmacher, Tischler, Autoreparaturstellen und Tankstellen) an. Die Stotthoffer „Dorfstraße“ von den Einheimischen als Kahnfahrt bezeichnet, wurde im Jahr 1938 zugeschüttet. Die Kosten für die Bauarbeiten an der Kahnfahrt betrugen damals 1.100 Mark.*

*Im Laufe der 700 Jahre gab es unterschiedliche Schreibweisen des Dorfes. 1315 Stotup, 1484, 1541 und 1569 Stosuff, 1626/27 und 1679 Stoßhoff, 1761 Stothof, 1761 Schtottup, 1843 und 1928 Stotup [...]“*

Der Ortsteil Stottoff ist schon lange ein etablierter Gewerbestandort im Siedlungsgefüge der Stadt Lübbenau. Die oben zitierte Aufzählung lässt die Vielfalt nur erahnen, und es kann auch nicht Gegenstand dieses Beitrags sein, alle und alles aufzuarbeiten. Doch einige, die ältere oder auch jüngere Geschichte prägende Beispiele sollen an dieser Stelle folgen.

## Müller-Konserven

Ein Familienunternehmen mit sehr langer Tradition ist die Sauerkonservenproduktion der Müller GmbH und Co. KG. Das Gebäude Stottoff Nr. 13 kennt eine lange Geschichte. Cornelia Rosner, Tochter von Christa Bartig, erinnert sich. Gurken wurden früher von fast jeder Familie angebaut, verarbeitet und auch verkauft, immer in „kleinem Stil". In Stottoff Nr. 13 entwickelte sich im Laufe der Jahre mehr als das. Marie Neubert (sen.) gründete die Sauerkonservenproduktion als Familienunternehmen. Außerdem betrieb die Familie Landwirtschaft. Sie besaß Felder, Wiesen und Vieh. Im Unternehmen wurden in der Hauptsache die eigenen Gurken verarbeitet und verkauft.

Der Betrieb wurde 1925 in die Handwerksrolle eingetragen. Maries Tochter, Marie Neubert (jun.) heiratete Paul Müller. Er machte 1953 seinen Meister auf dem Gebiet der Konservierung in Potsdam. 1957 übernahm er den Betrieb, der fortan unter dem Namen „Paul Müller Obst- und Gemüsekonserven" produzierte. Seit Anfang der 1960er Jahre entwickelte sich der Betrieb ständig weiter. Paul Müller beschäftigte 30 Arbeiter. Seine Tochter, Christa Bartig, arbeitete erfolgreich und mit ganzer Kraft im Betrieb mit. 1972 wurde sein Unternehmen verstaatlicht. Mit der Verstaatlichung gehörte der Betrieb zur „Spreewaldkonserve Golßen" und war der Betriebsteil 4/4. Paul Müller starb 1980.

Nach der Wende 1989/90 gab es für den Betrieb die nächsten Veränderungen. Wolfgang und Cornelia Rosner, Tochter von Christa Bartig, kauften die „Müller GmbH und Co. KG" von der Treuhand zurück. Seit 1992 ist Cornelia Rosner die Geschäftsführerin

Abb.: Evelyne Lungwitz

*Cornelia und Wolfgagn Rosner*

und ihr Mann, Wolfgang Rosner, Prokurist der Firma. Cornelia schloss ihr Studium 1982 als Diplom-Ingenieur für Lebensmitteltechnik ab, ebenso wie ihr Mann. Sie lernten sich beide beim Studium kennen. Es begannen sehr schwere Jahre, denn das Unternehmen musste praktisch bei Null anfangen. Zuerst wurde die gesamte Technik modernisiert. Seit 20 Jahren werden vorwiegend Rohkonserven hergestellt, aber ebenso Sterilkonserven (Dosen). Heute verarbeiten 20 fleißige Arbeitskräfte Gurken als Hauptprodukt, aber auch Sauerkraut, Rote Beete, Rotkohl und Paprika.

Vier Generationen haben den Betrieb bisher entwickelt: Marie Neubert (sen.), Paul Müller, Erich Bartig, Cornelia und Wolfgang Rosner. Die fünfte Generation steht in den Startlöchern. Es sind die Töchter der Familie Rosner, Angela und ihr Mann Norman sowie die Tochter Heike Rosner.

„Auch wenn es den ehemaligen Chef Paul Müller schon mehr als 40 Jahre nicht mehr gibt – es bleibt die *Müller GmbH und Co. KG*", sagt Cornelia Rosner.

## Vom Autohaus zum Ärztehaus

Unübersehbare bauliche Veränderungen gab es besonders in den zurückliegenden Jahren in Stottoff. Das Grundstück, auf dem sich heute das Ärztehaus mit der Spree-Apotheke befindet, kaufte Heinrich Meinen 1990 von Franz Händler. Die Meinen-OHG beabsichtigte, ein Mercedes-Autohaus zu bauen. Vorher wurde ein altes Haus abgerissen. Baubeginn für den Neubau war 1991. Kein Mercedes-Autohaus, sondern ein Kfz-Teile-Laden wurde 1992 eröffnet.

Weiter wurden im Gebäude Wohnungen geplant. Auch diese wurden schließlich anders genutzt: Lübbenauer Ärzte suchten dringend Praxisräume. Hier fanden sie diese. Die Ärzte zogen ab 1993 nach und nach in ihre neuen Praxisräume ein. Den Anfang machten Dipl. Med. Martina Teuscher und Dipl. Med. Christian Teuscher mit ihrer Gemeinschaftspraxis. Seit 1994 gibt es auch die Spree-Apotheke in diesem Haus.

Den Kfz-Teile-Handel Meinen gab es bis zum Jahr 2000. Das Geschäft pachtete anschließend die Firma Hensel und Schäfer bis 2015. Der nächste Pächter war LW Dienstleistungen mit einem Eventverleih, der die Räume mit 500 Quadratmetern gut nutzen konnte. Die Eröffnung war am 19. November 2016.

## Vom Gemeindehaus zum Turmhotel

Unweit dieses neu entstandenen Ärztehauses steht das Haus Stottoff Nr. 1. Auf eine sehr lange Geschichte blickt dieses Haus zurück, auch wenn man es ihm heute nicht ansieht. Schon im Jahr 1908 mietete die Neuapostolische Ge-

Abb.: Evelyne Lungwitz

*Ärztehaus Stottoff mit Apotheke und weiteren Gewerberäumen*

Abb.: Evelyne Lungwitz

*Haus Stottoff Nr. 1*

meinde Lübbenau im Haus einen leer stehenden Laden, um sich hier gemeinsam zu treffen. Die Gemeinde nutzte die Räumlichkeiten im Haus bis 1966. Bis 1992 wurde das Haus von Lübbenauer Mietern bewohnt.

Wenige Jahre später sollte aus diesem alten Mietshaus ein feines „Schlösschen" werden mit einer neuen Funktion. Familie Erwin Kuck aus Berlin kaufte das Haus. Der Bauunternehmer ließ das Gebäude vollkommen umbauen, mit einem Anbau davor. Ein ansprechendes Hotel sollte es werden. Am 3. Juni 1994 wurde Richtfest gefeiert. Die Lübbenauer waren aufgerufen, einen Namen für das Hotel zu finden. Erwin Kuck entschied sich für „Turmhotel". Die Einweihungs- und Eröffnungsfeier gab es am 8. April 1995.

Unerwartet und schnell starb Erwin Kuck noch im Jahr 1995. Seine Frau, Erika Kuck, verpachtete das Hotel, wobei sie mehr Schaden als Nutzen und viel Ärger hatte. Die Zwangsversteigerung erfolgte im Jahr 2005.

Erst Ende 2016 fand sich ein Käufer. Herr Faouzi Jlassi, der sehr viel Erfahrung im Hotelgewerbe hatte, kaufte das „Turmhotel". Er scheute weder Mühe noch Kosten, um die Innenausstattung im neuen Glanz erstrahlen zu lassen. Der neue Geschäftsführer und Besitzer des Hotels gab ihm auch einen neuen Namen. Er taufte es auf Hotel „Spreezeit". Das familiengeführte Haus ist sowohl für Tagungen und Events geeignet als auch mit Restaurant, Bar und passenden Arrangements für einen erholsamen Urlaub im Spreewald.

# Mode-Inspiration aus der Tracht

## Sarah Gwiszcz entwickelt eigenes Modedesign

Kurt Philipp Brendel

Die Lübbenauer Modedesignerin Sarah Gwiszcz hat 2014 ihr eigenes Modelabel *Wurlawy* gegründet und überzeugt schon seit einigen Jahren mit ganz besonderen Kreationen, die jedem Betrachter einen Hauch von Spreewald vermitteln. Doch wie kam die Designerin dazu, moderner Mode eine folkloristische Note zu geben?

### Liebe zum Spreewald beflügelt zu verrückter Idee

In ihrer Kindheit hätten sie die Trachten noch nicht so interessiert, erklärt Sarah Gwiszcz. „Man kennt es ja hier im Spreewald und ist an die Trachten gewöhnt." Sie selbst habe auch einmal an einem Trachtenumzug teilgenommen. Da habe sie eine alte sorbische Tracht getragen, die sie aufgearbeitet hatte. Die Entwicklung zur Designerin mit dem gewissen traditionellen Etwas begann vor ein paar Jahren in Berlin. Sarah Gwiszcz studierte Modedesign in der Metropole. Doch die Liebe zum heimatlichen Spreewald beflügelte sie zu einer auf den ersten Blick verrückten Idee: ein eigenes Spreewald-Modelabel. Schon zu dieser Zeit entdeckte sie die Welt der Trachten als eine mögliche Marktlücke.

Sie beschäftigte sich inhaltlich mit der Trachten-Thematik. Wie groß das Trachtengebiet der Niederlausitz eigentlich ist, hätte sie zum Beispiel nie gedacht. Ihre Abschlusskollektion im Studium gestaltet Sarah Gwiszcz ihrer neuen Idee entsprechend: „Die sorbische/wendische Tracht hat mich einfach inspiriert." Nach dem Studium machte sich die Mode-Designerin im Jahr 2014 mit ihrem Modelabel *Wurlawy* selbstständig.

Abb.: Framerate Media

*Sarah Gwiszcz (links) und Josephine Bürger (vorrangig für Verkauf zuständig) vor dem Atelier in der Lübbenauer Altstadt*

### Berliner Fashion-Week 2015

Der Anfang begann bescheiden: Sie eröffnete ein kleines Atelier in Ragow. Doch relativ schnell nahm die Erfolgsgeschichte Fahrt auf, erinnert sich Sarah Gwiszcz: „Auf der Fashion-Week 2015 in Berlin hatte ich mein Debüt. Da war ich überall in den Tageszeitungen." Allein dadurch sei die Nachfrage enorm gestiegen.

Abb.: Sarah Gwiszcz

*Wurlawy-Braut, Fashion Week 2015*

Mit dem Jahreswechsel 2018 zu 2019 zog sie schließlich in ihr neues Modegeschäft in der Lübbenauer Altstadt. Dort sind in den Schaufenstern ihre neuesten Kreationen zu sehen. Der Standort sei auf jeden Fall eine gute Wahl gewesen: „Ich bin hier ein bisschen näher an den Tourismus gerückt. Es hat sich allein dadurch noch weiter herumgesprochen." Zuvor hatte sie ihr Geschäft in der Lübbenauer Neustadt.

## Von Jugendweihe bis 80. Geburtstag

Was die Kundschaft betrifft, könnte Designerin Sarah Gwiszcz nicht den typischen Liebhaber ihrer Mode benennen: „Wir haben einige Touristen als Kunden, die sich etwas anfertigen lassen. Wir haben aber auch viele Einheimische." Das beginne schon mit speziellen Wünschen und Anfertigungen zur Jugendweihe, zum Abi-Ball oder auch zum 80. Geburtstag. Von Jung bis Alt gäbe es auf jeden Fall eine Nachfrage, erklärt die Modeschöpferin: „Es sind Leute, die etwas Extravagantes und diesen Folklore-Touch wollen."

Die Kleider sind Einzelanfertigungen, bei denen sich die Kundin ganz individuell Muster und Farbe aussuchen könne. Für Kombinationsfreude ist die Spreewald-Designerin immer wieder offen. Aber auch viele kleine und feine Souvenirs, wie etwa selbst gemachte T-Shirt-Pins, Caps und Schmuck seien sehr beliebt bei den Kunden. Auch diese Artikel sind inspiriert vom Spreewald und seiner schönen Natur.

## Alltagsmode mit Folklore

Was zeichnet die Mode von Sarah Gwiszcz aus? Die Modedesignerin betont, dass ihre Modelle nicht als moderne Trachten angesehen werden sollten: „Es ist Alltagsmode mit einem kleinen Touch Folklore." Sie hebt außerdem hervor, dass bisher noch kein Designer in Deutschland in ähnlicher Weise sorbische Tracht in moderner Mode verarbeitet habe. Zwar gäbe es die bekannten bayerischen Dirndl, aber ein modernes Pendant für die Spreewald-Trachten habe es hingegen noch nicht gegeben.

Sarah Gwiszcz entwirft auch Brautmode. Und nicht einfach nur Hochzeitskleider, wie sie überall auf der Stange zu bekommen wären. Es ist Brautmode

Abb.: Framerate Media

*Wurlawy-Braut*

eben mit einem Hauch von Spreewald. Doch was ist eigentlich das Besondere an der traditionellen sorbischen Brauttracht? „Die sorbische Hochzeitstracht sieht ganz anders aus, als man heute Brautmoden trägt“, erläutert Sarah Gwiszcz. Heute werde typisch in den Farben Weiß oder in cremefarbenen Varianten, allen voran in hellen Tönen, geheiratet. Die traditionelle sorbische Hochzeitstracht sei hingegen in schwarzer Samtjacke und Schürze gehalten: „Es ist im Vergleich zu heute von den Farben sozusagen umgedreht.“

Die traditionellen Hochzeitstrachten seien dunkel und schlicht. Auf der anderen Seite sollten bei den sorbischen Hochzeiten früher eher die Brautjungfern besonders schön herausgeputzt worden sein. Eventuell könnte es mit dem alten Glauben zusammenhängen, dass statt der Braut die Brautjungfern von bösen Geistern entführt werden sollen, meint Sarah Gwiszcz. Demnach würden die Brautjungfern besser und reicher ausstaffiert als die Braut. Andererseits könnte diese offensichtliche Unterscheidung zwischen Braut und Brautjungfern auch gemacht worden sein, um zu verdeutlichen, dass die Jungfern noch ledig sind und auf einen Bräutigam warten. So würden diese auch in ihrem Trachtenschmuck sichtbar hervorgehoben.

## Spreewald mit Libellenmuster

Die modernen Brautkleider, die Sarah Gwiszcz kreiert, werden je nach Wunsch der Kundin ganz individuell hergestellt: „Zu mir kommen häufig Bräute, die in einem regulären Brautgeschäft nichts finden.“ Einige von ihnen wünschten sich für ihr Brautkleid genau diese spreewäldische Nuance. Es werden zum Beispiel Samtband und Spitze am Rocksaum des Hochzeitskleides so verarbeitet, wie sie etwa bei den üblichen Trachtenröcken vorkommen.

Für die traditionell dunkel gehaltene Brautmode würden sich heute jedoch nicht viele entscheiden: „Meistens ist vollflächig Weiß bei den Hochzeitskleidern dabei." Die Farbe Blau findet hingegen häufiger Anwendung, ganz nach dem Motto: Traditionell hat man etwas Blaues bei der Hochzeit dabei. So wird etwa auf einem weißen Brautkleid ein blaues Band mit weißer Spitze eingerahmt. Häufiger Bestandteil in den Kollektionen von Sarah Gwiszcz ist zudem ein Libellenmuster. Dieses wollte auch eine Kundin in ihr Hochzeitskleid eingearbeitet haben. Nicht immer muss die Hochzeitsmode diesen Hauch von Spreewald haben. Oft kommen Kundinnen mit speziellen Wünschen wie zur Anfertigung eines kürzeren Rockes für den schönsten Tag des Jahres. Eines sei hingegen garantiert: Die Modedesignerin verewigt sich mit ihrem persönlichen Stil in jeder Einzelanfertigung.

Abb.: Sarah Tamm

*Wurlawy-Braut*

**Spreewald-Haube auf Weltreise**

Kundschaft hat Sarah Gwiszcz mittlerweile weltweit. Zum Beispiel gibt es T-Shirt-Bestellungen bis nach Australien, sagt die Designerin: „Dort gibt es Auswanderer, die sich die T-Shirts von ihren Verwandten zuschicken lassen." Ein Brautkleid ist sogar extra aus den USA bestellt worden. Der Mann der Braut sei auf dem sorbischen Gymnasium in Cottbus gewesen. So habe auch die Braut die sorbische Trachtenkultur kennengelernt, erklärt Sarah Gwiszcz: „Sie war von den Trachten so begeistert, dass sie sich ihr Brautkleid von mir anfertigen ließ." Die Anfertigung war schließlich auch mit einigem Aufwand verbunden, denn so oft sei das amerikanische Brautpaar nicht in Deutschland gewesen. Schließlich ging es auch für die speziell angefertigte Haube für die Braut auf Weltreise. Im Koffer sei sie in die USA gebracht worden. Sarah Gwiszcz erinnert sich gerne daran: „Es war für mich überraschend, dass jemand von ganz woanders sich so in unsere Kultur verliebt."

*Wurlawy*-Mode – eine tolle Idee aus dem Spreewald.

## Nazymski dešć

Listowy šwarkot zbliska a zdala
Mrokowy gjałmot pó njebju se wala
Sćěna źiweje šeri
kaž paliwaka
pó njebju se ceri

Mrokowa paliwaka pluwa
chrapki dešća město wognja
na swět nazymski
na wokna
a wšuźi praskocu te chrapcycki

Wóstanu w pawcynje kaž parlicki
Dostanu se teke pśez mech we góli
Tak pón derje wuschójźuju
kokoški!
A druge griby, ak ja pytaś cu

## Herbstregen

Von nah, von ferne Laubgeraschel und -gewimmel
Ein Wolkengewirr wälzt sich über den Himmel
Eine Wand wilden Graus
wie ein Lindwurm
dessen Spur den Himmel zaust

Der Wolkenlindwurm speit nicht Feuerbälle
sondern Regentropfenfälle
auf die herbstliche Welt hinab
An Fenster und an jede Stelle
prasseln die Tropfen, tripp-trapp

Wie Perlen verbleiben sie im Netz der Spinne
Dringen durch das Waldmoos, in des Bodens Innre
So sprießen dann ja gar nicht schlecht
Pfifferlinge!
Und andre Pilze, die ich sammeln möcht‘

*Źilka*

*Gabriele Gittel: Schwalbe im Wind, Tusche*

# Witaj heißt Willkommen

## Auf den Spuren von Großmutters Muttersprache

Marlene Jedro

Dobry źeń, guten Tag, liebe Leser, ich heiße Sie herzlich willkommen, um mit mir gemeinsam die Spuren einer Sprache zu verfolgen, die durch viele geschichtliche Umstände aus dem Alltag fast verschwunden ist. Es geht um die sorbische/wendische Muttersprache, mit der ich vom Hören her erwachsen geworden bin. Durch die Heirat meiner Eltern (Vater stammt aus Schlesien) wurde auch bei uns, wie in vielen anderen Familien, fast nur noch deutsch gesprochen. So haben mein Bruder und ich die Großeltern mit meiner Mutter noch sorbisch/wendisch sprechen gehört, wurden aber nie zum Nachsprechen aufgefordert. Sehr wichtig für den Gebrauch der Sprache ist aber der tägliche Umgang bei der Kommunikation.

Oder geht es auch anders? Können Kinder eine Sprache lernen, die ihre Eltern nicht (mehr) beherrschen? Und wenn ja, wie geschieht das in der Praxis? Meine Recherchen haben mich davon überzeugt, dass es mit pädagogischem Feingefühl und spielerisch gestaltet eine Chance für den Erhalt dieses so wichtigen Merkmals einer Minderheit gibt.

„Witaj" (Willkommen) heißen die Sprachprojekte in Kitas und Schulen, mit denen Kinder wieder an die sorbische/wendische Sprache herangeführt werden. Das Witaj-Sprachzentrum wurde 2001 als eine eigenständige Abteilung der Domowina – Bund Lausitzer Sorben e. V. gegründet. Seinen Sitz hat es in Bautzen/Budyšyn und Cottbus/Chóśebuz. Es wird durch die Stiftung für das sorbische Volk gefördert.

Ich war Gast in Sielow/Žylow, im Kindergarten „Mato Rizo" (Mathias Riese). Hier „tauchen" die Kinder ins „Sprachbad" ein, ohne den Druck, Vokabeln lernen zu müssen. Mila Zacharias, Fachberaterin im Auftrag des sorbischen Schulvereins e. V., hatte sich für mich Zeit genommen und erzählte mir die Geschichte dieser Einrichtung:

„Seit dem 1. März 1998 gibt es diesen Kindergarten unter der Trägerschaft des Schulvereins e. V. Bautzen/Budyšyn. Dieses einstige Pilotprojekt ist heute nicht mehr wegzudenken. 56 Kinder werden von erfahrenem Fachpersonal, die alle eine sprachliche Ausbildung genossen haben, in den Räumlichkeiten betreut. Diese sind kinderfreundlich mit Sprachelementen gestaltet und laden zum Lernen der Sprache ein. Es gibt auch hier Eltern, die selbst die Sprache nicht beherrschen, jedoch stark verbundene Traditionsmenschen sind. Für sie gehören nicht nur die Tracht und das Traditionsfest zu einer Geschichte, die auch in Sielow/Žylow stark verwurzelt ist. Sie sind stolz, ihren Kindern die Möglichkeit geben zu können, die Sprache, die zur Kultur dazu gehört, aufzunehmen und täglich zu hören."

Die Auszeichnung 2019 mit dem „Mina Witkojc"-Preis ist ein Beweis für die gute Arbeit. Deutsch bleibt während des Aufenthaltes in diesem Haus außen vor. Hier heißt es „Dobry źeń" und „Na zasejwiźenje" – wie zu Großmutters Zeiten.

Wie geht es aber nach dem Kindergarten weiter? Für mich lag es jetzt nahe, eine Familie zu besuchen, in der die Kinder im Schulunterricht die Sprache weiter erlernen. Ich bin bei meiner Suche an Clara und Joscha verwiesen worden.

Vater Bernd Müller erzählt: „Clara und Joscha lernen seit der ersten Klasse Sorbisch. Wir wollten das hauptsächlich, weil sie auch eine slawische Sprache lernen sollen, um es später mit anderen slawischen Sprachen leichter zu haben. In meinen Augen ist Sorbisch eine sterbende Sprache, aber gut, um den Zugang zum Slawischen zu bekommen. Die Kinder haben an der 21. Grundschule in Neu-Schmellwitz angefangen. Diese Einrichtung ist auch als UNESCO-Projektschule bekannt. Inzwischen lernt Clara am Niedersorbischen Gymnasium. Ja, und beim Vokabelnabhören haben wir als Eltern mitgelernt. Da ich Polnisch im Studium belegt habe, fiel es mir nicht so schwer."

So wird es nicht in allen Familien sein, aber die Motivation vieler Eltern zeigt sich auch beim Gespräch mit Evelyn Zschörneck, die in der Grundschule „Mina Witkojc" in Burg/Bórkowy Lehrerin für niedersorbische Sprache ist. Etwa 50 Schüler belegen im Schnitt dieses Unterrichtsfach von der 1. bis zur 6. Klasse. Einige gehen dann weiter zum Niedersorbischen Gymnasium in Cottbus/Chóśebuz. Die Unterstützung und das Interesse der Eltern sind lobenswert. Oftmals sind es sogar Zugezogene, die sich in die Tradition dieses Ortes einbringen. Diese Geschichte soll auch ein kleiner Bestandteil ihres Alltages in Burg sein.

Der Unterricht wird deutsch und niedersorbisch absolviert. Die Kinder lernen das ABC in Deutsch und gleichzeitig in Niedersorbisch. Ebenso läuft der Mathematikunterricht ab. Natürlich gibt es dafür eine sorbische Fibel sowie Mathematik- und Schreibhefte.

Das Witaj-Sprachzentrum und die Arbeitsstelle für sorbische/wendische Bildungsentwicklung Cottbus/Chóśebuz (kurz ABC) sorgen zusammen mit dem Domowina Verlag für das Lehrmaterial. Evelyn Zschörneck selbst begutachtet Lehr- und Lernmittel für die Grundschule. Im Plan ist derzeit eine Lehrbuch-Reihe, in der mithilfe der Sagenfiguren die Sprache vermittelt wird.

Neugierig geworden, führte mich mein Weg zu Dr. Christiane Piniek in die Cottbuser ABC-Bildungsstelle in der Villa neben dem Niedersorbischen Gymnasium. Seit 30 Jahren existiert diese Einrichtung, die auf einer Idee von Klaus-Peter Jannasch basiert. Gegründet 1992 und dem hiesigen Schulamt zugeordnet, ist sie die einzige ihrer Art in Brandenburg und verwaltet einen eigenen Haushalt. Die Aufgabengebiete beinhalten die Herstellung von Lehr- und Lernmitteln

- für das Fach Sorbisch/Wendisch als Fremd- und als Zweitsprache
- für den bilingualen Unterricht in anderen Unterrichtsfächern
- für die Weiterbildung der Lehrkräfte.

Die Lehr- und Lernmittel werden inzwischen nicht nur in gedruckter Form hergestellt, sondern auch elektronisch. Der Ausbau einer passwort-geschützten Online-Plattform für Lehrkräfte hat dabei hohe Priorität. Mehr als 30 Lehrkräfte wurden zwischen 2001 und 2009 in vier berufsbegleitenden Intensivkursen zu Lehrkräften für den Witaj- und den bilingualen Unterricht qualifiziert. Jetzt finden Lehrkräfte-Fortbildungen zu jeder Lehrmittel-Neuausgabe statt.

An der Universität Leipzig/Lipsk werden die Lehrkräfte für das Fach Sorbisch/Wendisch ausgebildet. Alle beteiligten Seiten sehen auch für die Zukunft einen großen Bedarf. Die Planung sah 2020/21 circa 1.800 SchülerInnen in 23 Schulen vor. Dafür fachkompetente und engagierte Lehrerinnen und Lehrer zu qualifizieren, bleibt unabdingbar.

ABB.: MARLENE JEDRO

*Moderne Lehrmaterialien für den Sorbisch-Unterricht*

Ich verabschiedete mich mit dem Gedanken, dass hier eine Basis geschaffen wird, die meiner Großmutter und Mutter leider vorenthalten blieb. Gut zu wissen, dass es ErzieherInnen gibt, die ihr Wissen für die pädagogische Arbeit in puncto Sprache mit einer Weiterbildung untersetzen, wie zum Beispiel Sandy Weber. Sie arbeitet in Raddusch/Raduš, einem Ortsteil von Vetschau/Wětošow in der Kindereinrichtung „Marjana Domaškojc“. Seit 2013 erlernt sie die niedersorbische Sprache, um Uta Körner, die die „Witaj-Kindergruppe“ leitet, zu unterstützen. Was das für die Kinder bedeutet, weiß Michaela Murrer, die Leiterin des Kindergartens, sehr zu schätzen. Für die etwa 40 Kinder ist somit abgesichert, dass sie das „Dobry źeń“ nicht vermissen müssen.

Abb.: Manfred Kliche

*Kindergarten „Marjana Domaškojc" in Raddusch*

Die Einrichtung, die seit 1951 besteht, hatte sich schon immer für die Pflege des Brauchtums und der niedersorbischen Sprache eingesetzt, sie als Bestandteil der pädagogischen Arbeit gesehen. Aufgrund dessen wurden 1971 diese Verdienste mit der Namensgebung „Marjana Domaškojc" gewürdigt, Ehre und Verpflichtung zugleich. Der Träger ist die Stadt Vetschau/Wětošow, die bereits eine Witaj-Einrichtung besaß. Mit Uta Körner konnte dann der Umgang mit der Sprache realisiert werden. Die Eltern der Kinder, auch aus den umliegenden Dörfern, sind begeisterte Unterstützer. Die Traditionsfeste mit Auftritten der Witaj-Kinder in der Tracht mit traditionellen Tänzen und Gedichten sind stets ein Höhepunkt. Großen Anteil an dem Fundus von Trachten hat die Schenkung von Hildegard Hilger, die Stücke wurden dann von Anneliese Mecke fertiggestellt.

2019 kamen dann durch die finanzielle Unterstützung des Fördervereins der Kita und der „Stiftung für das sorbische Volk" weitere Trachten dazu. Für die Zukunft der niedersorbischen/wendischen Sprache und Kultur in dieser Einrichtung ist also eine solide Grundlage geschaffen, und mir wurde nach meinen Recherchen bewusst, dass Großmutters Sprache in guten Händen ist. Mein Wunsch wäre, dass diese Möglichkeit weitere Nachahmer findet.

Ich bedanke mich bei den im Text genannten Gesprächspartnern und meinem Autorenkollegen Manfred Kliche, der das Gespräch mit Michaela Murrer führte und ein Foto vom Auftritt der Radduscher Witaj-Kinder zur Verfügung gestellt hat.

# Zweisprachigkeit bei der Spreewaldbahn

## Sorbisch/Wendisch und Deutsch auf Bahnhöfen und in Fahrplänen

Měto Nowak

Die sorbische/wendische Sprache spielte bei der Eisenbahn erst in der DDR eine amtliche Rolle, was vor allem an der staatlichen Nationalitätenpolitk und an der Tatsache lag, dass die Deutsche Reichsbahn (DR), in die auch die Spreewaldbahn eingegliedert wurde, ein Staatsbetrieb war. Im Zuge der bis Mitte der 1950er Jahre zunächst auf eine zweisprachige Lausitz ausgerichteten Sprachpolitik wurde die sorbische/wendische Sprache erstmals bei der DR verwendet.

Das zuständige Ministerium wandte sich 1951 an die Reichsbahn und verwies darauf, dass Bahnhöfe zweisprachig zu beschriften seien: „Das zweisprachige Gebiet wird durch folgende Bahnhöfe abgegrenzt: [...] Forst, Lieberose, Straupitz, Lübben [...]." Der Streckenast Straupitz–Goyatz der Spreewaldbahn ist offenbar zunächst ausgenommen oder wie andere Strecken vergessen worden. Die Reichsbahn erteilte noch im selben Jahr die Anweisung, die doppelsprachige Beschriftung der Bahnhöfe durchzuführen.

Für die Zweisprachigkeit wurden Zusatzschilder unter den Stationsnamen wie in Ruben-Guhrow angebracht, neue zweisprachige Schilder, wie am Cottbuser Spreewaldbahnhof, aufgehängt oder Gebäudeaufschriften ergänzt. Dies ist an einigen Spreewaldbahnhöfen wie in Briesen auch heute in der restaurierten Form erkennbar. Es fällt auf, dass nicht alle deutschen Namenzusätze mitübersetzt wurden. So lautete die sorbische/wendische Beschilderung in Lübben-Ost nur „Lubin". Auch wichen Schreibweisen an Bahnhöfen von anderen Verzeichnissen mitunter ab, wie die Gebäudeaufschrift „Gojack" in Goyatz (sonst Gojac) zeigt.

Zwischen sorbischen und staatlichen Stellen sowie der Deutschen Reichsbahn wurden 1955 verschiedene „Maßnahmen zur Gewährleistung der Zweisprachigkeit des Verkehrswesens" geplant, zu denen unter anderem zweisprachige Beschilderungen, politische Schulungen und Sprachkurse gehörten. Von der Reichsbahndirektion (Rbd) Cottbus wurde ein Sprachführer für Eisenbahner (Deutsch-Obersorbisch-Niedersorbisch) herausgegeben. In ihm sind auch alle Bahnhöfe der Spreewaldbahn zweisprachig aufgeführt. Es fehlte nur Ruben-Guhrow, was wohl ein Versehen war. Auch die außerhalb des Bezirkes Cottbus endende, aber zur Rbd Cottbus gehörende Strecke der Spreewaldbahn ist bis zum Endbahnhof Lieberose zweisprachig aufgeführt, obwohl der Kreis Beeskow, Bezirk Frankfurt, nicht zum zweisprachigen Gebiet zählte.

Im September 1955 informierte die Rbd Cottbus darüber, dass ein zweisprachiges Kursbuch geplant sei. Allerdings hatte die zuständige Druckerei zunächst nicht genügend sorbische/wendische Buchstaben. Der Mangel an den für das Drucken damals notwendigen Buchstaben könnte auch auftretende Schreibfehler in den wendischen Namen erklären. Das erste zweisprachige Kursbuch erschien zum Sommerfahrplan 1956. In ihm waren ein Ortsverzeichnis, eine Seite mit Zeichenerklärungen sowie in den Fahrplantabellen die Stationsnamen und einzelne Zusatzbezeichnungen wie „Schmalspurbahn“, „alle Züge 2. Klasse“ oder bei den Zeiten „an“ und „ab“ zweisprachig. Dabei wurde, außer bei Ortsnamen, die obersorbische Sprache auch im niedersorbischen Sprachgebiet verwendet.

In den folgenden Jahrzehnten versuchte die DR aus unterschiedlichen Gründen die Zweisprachigkeit zu reduzieren. 1964 ersuchte sie das Ministerium um Genehmigung, die sorbischen Ortsbezeichnungen im neuen Fahrplan aus Platzersparnisgründen weglassen zu können. Die Rbd Cottbus wäre zur Auffassung gekommen, dass die zweisprachige Bezeichnung nicht mehr notwendig wäre, da in kei-

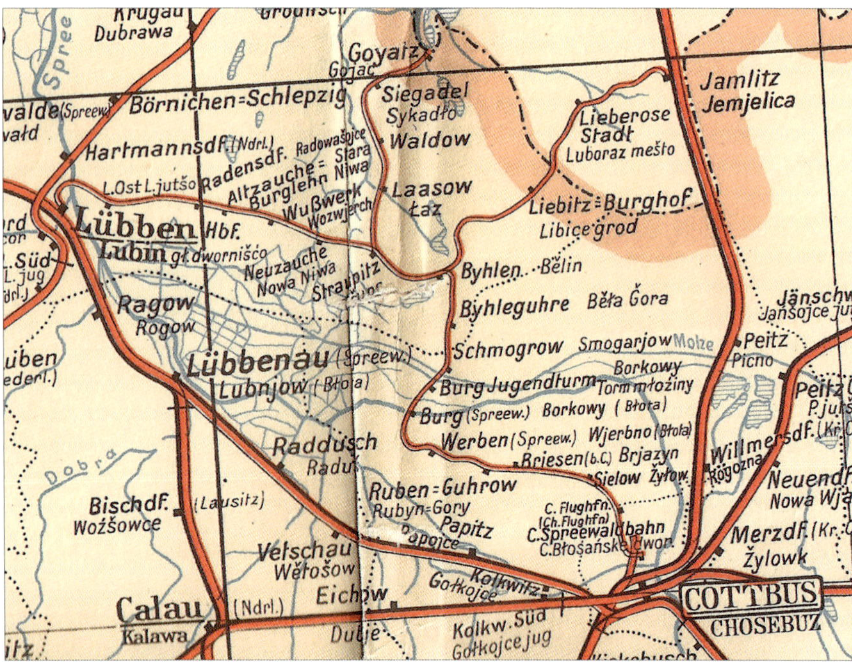


Abb.: Sammlung Měto Nowak

*Eisenbahnverkehrskarte 1960 (Ausschnitt)*

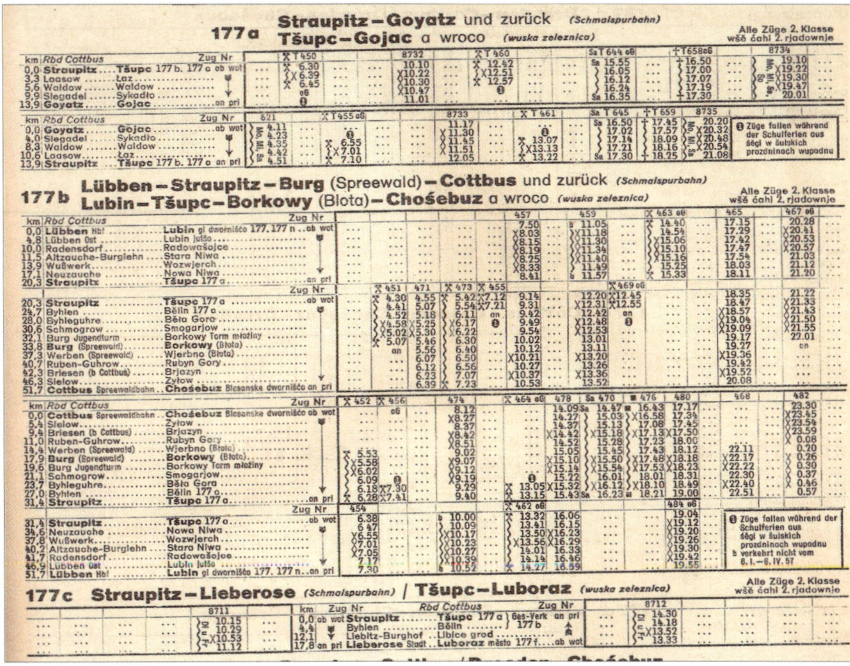

**177 a Straupitz – Goyatz und zurück** (Schmalspurbahn)
**Tšupc – Gojac a wroco** (wuska zeleznica)
Alle Züge 2. Klasse / wšě ćahi 2. rjadownje

| km | Rbd Cottbus | | Zug Nr | ✕ T 450 | 8732 | ✕ T 460 | Sa T 644 oб | † T 658 oб | 8734 |
|---|---|---|---|---|---|---|---|---|---|
| 0,0 | Straupitz | Tšupc 177 b. 177 c | ab wot | ✕ 6.30 | 10.10 | ✕ 12.42 | Sa 15.55 | † 16.50 | Mo, Mi, Sa } 19.10 |
| 3,3 | Laasow | Łaz | | }✕ 6.39 | ✕10.22 | }✕12.51 | } 16.05 | } 17.00 | ✕19.22 |
| 5,6 | Waldow | Waldow | | ✕ 6.45 | ✕10.30 | ✕ 12.57 | } 16.12 | } 17.07 | ✕19.30 |
| 9,9 | Siegadel | Sykadło | | oб | ✕10.47 | ❶ | } 16.24 | } 17.19 | ✕19.47 |
| 13,9 | Goyatz | Gojac | an pri | ❶ | 11.01 | ... | Sa 16.35 | † 17.30 | 20.01 |

| km | Rbd Cottbus | | Zug Nr | 621 | ✕ T 455 oб | 8733 | ✕ T 461 | Sa T 645 | † T 659 | 8735 |
|---|---|---|---|---|---|---|---|---|---|---|
| 0,0 | Goyatz | Gojac | ab wot | Mo, Mi, Sa } 4.11 | ... | 11.17 | ... | Sa 16.50 | † 17.45 | Mo, Mi, Sa } 20.20 |
| 4,0 | Siegadel | Sykadło | | 4.23 | ❶ | ✕11.30 | ❶ | } 17.02 | } 17.57 | ✕20.32 |
| 8,3 | Waldow | Waldow | | 4.35 | ✕ 6.55 | ✕11.45 | ✕ 13.07 | } 17.14 | } 18.09 | ✕20.48 |
| 10,6 | Laasow | Łaz | | 4.42 | }✕7.01 | ✕11.51 | }✕13.13 | } 17.21 | } 18.16 | ✕20.54 |
| 13,9 | Straupitz | Tšupc 177 b. 177 c | an pri | 4.51 | ✕ 7.10 | 12.05 | ✕ 13.22 | Sa 17.30 | † 18.25 | 21.08 |

❶ Züge fallen während der Schulferien aus / šěgi w šulskich prozdninach wupadnu

**177 b Lübben – Straupitz – Burg (Spreewald) – Cottbus und zurück** (Schmalspurbahn)
**Lubin – Tšupc – Borkowy (Błota) – Chóśebuz a wroco** (wuska zeleznica)
Alle Züge 2. Klasse / wšě ćahi 2. rjadownje

| km | Rbd Cottbus | | Zug Nr | 457 | 459 | ✕ 463 oб | 465 | 467 oб |
|---|---|---|---|---|---|---|---|---|
| 0,0 | Lübben Hbf | Lubin gł dwórnišćo 177. 177 n | ab wot | 7.50 | b 11.05 | ✕ 14.40 | 17.15 | 20.28 |
| 4,8 | Lübben Ost | Lubin jutšo | | ✕8.03 | }✕11.18 | } 14.54 | 17.29 | ✕20.41 |
| 10,0 | Radensdorf | Radowašojce | | ✕8.15 | }✕11.30 | }✕15.06 | 17.42 | ✕20.53 |
| 11,5 | Altzauche-Burglehn | Stara Niwa | | ✕8.19 | }✕11.34 | }✕15.10 | 17.47 | ✕20.57 |
| 13,9 | Wußwerk | Wozwjerch | | ✕8.25 | }✕11.40 | }✕15.16 | 17.54 | 21.03 |
| 17,1 | Neuzauche | Nowa Niwa | | ✕8.33 | } 11.49 | } 15.25 | 18.03 | 21.12 |
| 20,3 | Straupitz | Tšupc 177 a | an pri | 8.41 | b 11.57 | ✕ 15.33 | 18.11 | 21.20 |

| km | Rbd Cottbus | | Zug Nr | ✕ 451 | 471 | ✕ 473 | ✕ 455 | (457) | (459) | ✕ 469 oб | (465) | (467) |
|---|---|---|---|---|---|---|---|---|---|---|---|---|
| 20,3 | Straupitz | Tšupc 177 a | ab wot | ✕ 4.30 | 4.55 | ✕ 5.42 | ✕7.12 | 9.14 | 12.20 | ✕12.45 | 18.35 | 21.22 |
| 24,7 | Byhlen | Bělin 177 c | | 4.41 | 5.07 | 5.54 | ✕7.21 | 9.31 | ✕12.31 | ✕12.55 | 18.47 | ✕21.33 |
| 28,0 | Byhleguhre | Běła Góra | | 4.52 | 5.18 | 6.11 | an | 9.42 | 12.42 | an | ✕18.57 | ✕21.43 |
| 30,6 | Schmogrow | Smogarjow | | }✕4.58 | ✕5.25 | }✕6.17 | ❶ | 9.49 | ✕12.48 | ❶ | ✕19.04 | ✕21.50 |
| 32,1 | Burg Jugendturm | Borkowy Torm młodžiny | | }✕5.02 | ✕5.30 | }✕6.22 | ... | 9.54 | ✕12.53 | ... | ✕19.09 | ✕21.55 |
| 33,8 | Burg (Spreewald) | Borkowy (Błota) | | ✕ 5.07 | 5.46 | 6.30 | ... | 10.02 | 13.01 | ... | 19.17 | 22.01 |
| 37,3 | Werben (Spreewald) | Wjerbno (Błota) | | an | 5.56 | 6.40 | ... | 10.12 | 13.11 | ... | 19.27 | an |
| 40,7 | Ruben-Guhrow | Rubyn Góry | | ... | 6.07 | 6.50 | ... | ✕10.21 | ✕13.20 | ... | ✕19.36 | ... |
| 42,3 | Briesen (b Cottbus) | Brjazyn | | ... | 6.12 | 6.56 | ... | 10.27 | 13.26 | ... | 19.42 | ... |
| 46,3 | Sielow | Žyłow | | ... | 6.23 | 7.07 | ... | ✕10.37 | ✕13.36 | ... | ✕19.52 | ... |
| 51,7 | Cottbus Spreewaldbahn | Chóśebuz Błośańske dwórnišćo | an pri | ... | 6.39 | ✕ 7.23 | ... | 10.53 | 13.52 | ... | 20.08 | ... |

| km | Rbd Cottbus | | Zug Nr | ✕ 452 | ✕ 456 oб | 474 | ✕ 464 oб | 478 | Sa 470 | ■ 476 | 480 | 468 | 482 |
|---|---|---|---|---|---|---|---|---|---|---|---|---|---|
| 0,0 | Cottbus Spreewaldbahn | Chóśebuz Błośańske dwórnišćo | ab wot | ... | ... | 8.12 | ... | 14.09 | Sa 14.47 | ■ 16.43 | 17.17 | ... | 23.30 |
| 5,4 | Sielow | Žyłow | | ... | ... | ✕8.27 | ... | 14.27 | } 15.03 | }✕16.58 | 17.34 | ... | ✕23.45 |
| 9,4 | Briesen (b Cottbus) | Brjazyn | | ... | ... | 8.37 | ... | 14.37 | } 15.13 | } 17.08 | 17.45 | ... | ✕23.54 |
| 11,0 | Ruben-Guhrow | Rubyn Góry | | ... | ... | ✕8.42 | ... | ✕14.42 | }✕15.18 | }✕17.13 | ✕17.50 | ... | ✕23.59 |
| 14,4 | Werben (Spreewald) | Wjerbno (Błota) | | ... | ... | ✕8.51 | ... | 14.52 | } 15.28 | } 17.23 | 18.00 | ... | ✕ 0.08 |
| 17,9 | Burg (Spreewald) | Borkowy (Błota) | | ✕ 5.53 | ... | 9.02 | ... | 15.05 | } 15.45 | } 17.43 | 18.12 | 22.11 | 0.20 |
| 19,6 | Burg Jugendturm | Borkowy Torm młodžiny | | }✕5.58 | ... | ✕9.07 | ... | ✕15.10 | }✕15.50 | }✕17.48 | ✕18.18 | ✕22.17 | ✕ 0.26 |
| 21,1 | Schmogrow | Smogarjow | | }✕6.02 | ... | ✕9.12 | ... | ✕15.14 | }✕15.54 | }✕17.53 | ✕18.23 | ✕22.22 | ✕ 0.30 |
| 23,7 | Byhleguhre | Běła Góra | | } 6.09 | ❶ | ✕9.19 | ❶ | 15.22 | } 16.01 | } 18.01 | 18.31 | 22.30 | ✕ 0.37 |
| 27,0 | Byhlen | Bělin 177 c | | } 6.18 | ✕7.30 | 9.29 | ✕ 13.05 | ✕15.32 | }✕16.12 | }✕18.10 | 18.49 | ✕22.40 | ✕ 0.46 |
| 31,4 | Straupitz | Tšupc 177 a | an pri | ✕ 6.28 | ✕7.41 | 9.40 | ✕ 13.15 | 15.43 | Sa 16.23 | ■ 18.21 | 19.00 | 22.51 | 0.57 |

| km | Rbd Cottbus | | Zug Nr | 454 | (474) | ✕ 462 oб | (478) | 484 oб |
|---|---|---|---|---|---|---|---|---|
| 31,4 | Straupitz | Tšupc 177 a | ab wot | 6.38 | b 10.00 | ✕ 13.32 | 16.06 | 19.04 |
| 34,6 | Neuzauche | Nowa Niwa | | 6.47 | } 10.09 | } 13.41 | 16.15 | ✕19.12 |
| 37,8 | Wußwerk | Wozwjerch | | ✕6.55 | }✕10.17 | } 13.50 | ✕16.23 | ✕19.20 |
| 40,2 | Altzauche-Burglehn | Stara Niwa | | ✕7.01 | }✕10.23 | }✕13.56 | ✕16.29 | ✕19.26 |
| 41,7 | Radensdorf | Radowašojce | | ✕7.05 | }✕10.27 | } 14.01 | 16.33 | ✕19.30 |
| 46,9 | Lübben Ost | Lubin jutšo | | 7.17 | }✕10.39 | } 14.14 | 16.46 | ✕19.42 |
| 51,7 | Lübben Hbf | Lubin gł dwórnišćo 177. 177 n | an pri | 7.30 | b 10.52 | ✕ 14.27 | 16.59 | 19.55 |

❶ Züge fallen während der Schulferien aus / šěgi w šulskich prozdninach wupadnu
b verkehrt nicht vom 8. I. – 6. IV. 57

**177 c Straupitz – Lieberose** (Schmalspurbahn) / **Tšupc – Luboraz** (wuska zeleznica)
Alle Züge 2. Klasse / wšě ćahi 2. rjadownje

| 8711 | km | | Zug Nr | Rbd Cottbus | | Zug Nr | 8712 |
|---|---|---|---|---|---|---|---|
| Di, Do, Fr } 10.15 | 0,0 | ab wot | Straupitz | Tšupc 177 a | } Ges-Verk 177 b | an pri | Di, Do, Fr } 14.30 |
| 10.29 | 4,4 | ↓ | Byhlen | Bělin | | ↑ | 14.18 |
| ✕10.53 | 12,1 | ↓ | Liebitz-Burghof | Libice grod | | ↑ | ✕13.52 |
| 11.12 | 17,8 | an pri | Lieberose Stadt | Luboraz město 177 f | | ab wot | 13.33 |

*DR-Fahrplan 1956*

Abb.: Sammlung Měto Nowak

nem Brief derartige Forderungen aufgestellt worden wären und auch Fehler in den Ortsbezeichnungen nicht kritisiert wurden. Daraus könne man schließen, „daß die sorbische Bevölkerung diese Ortsbezeichnung gar nicht liest." Die Abteilung für Sorbenfragen lehnte dies aus politischen und formalen Gründen ab.

Zum Kursbuch gehörte eine Übersichtskarte, die zwar alle Strecken und wichtige Bahnhöfe, aber nicht alle Stationen enthielt. Die Spreewaldbahn war in Kursbuch und Karte zweisprachig. Byhlen ist der einzige Bahnhof in der Karte, bei dem der sorbische/wendische Name zwischenzeitlich in Klammern geschrieben wurde.

1969 fand eine erste große Streichung sorbischer/wendischer Namen in den Karten statt. Betroffen ist an der Spreewaldbahn der Ort Goyatz. 1970 entfielen durch die Stilllegung die verbliebenen zweisprachigen Bahnhöfe Burg, Byhlen und Straupitz.

Neben den öffentlich zugänglichen Materialien gab es auch bahninterne Eisenbahnverkehrskarten und Stationsverzeichnisse. Spätestens 1957 enthielten diese Karten neben den zweisprachigen Namen in der Legende den Hinweis „Im sorbischen Sprachgebiet führen die Stationen auch die sorbische Schreibweise." Auch in diesen Unterlagen war die Spreewaldbahn bis zu ihrer Stilllegung vollständig zweisprachig.

# Lübbenauer Straßen und ihre Namen

## Die Bilderstürmerei der Lübbenauer Straßennamen

Kurt Philipp Brendel

Viele Lübbenauer Straßen haben in den letzten Jahren eine Neugestaltung erfahren. Im neuen Gewand erstrahlen die einstigen „Huckelpisten", doch sind die alten Straßennamen aus DDR-Zeiten oft geblieben. Bis heute sorgen diese mitunter für Diskussion.

### In der Lübbenauer Neustadt

Nicht nur eine frische Asphaltschicht sorgt für eine angenehme Fahrt, auch der neu konzipierte Kreisverkehr lässt den Verkehr flüssiger über den sogenannten „Roten Platz" laufen. Autofahrer wie auch Fußgänger dürfen sich über den umgestalteten zentralen Platz der Lübbenauer Neustadt mit großzügigem Fußweg und Radstreifen freuen. Der Rote Platz erstrahlt im neuen Glanz, während sein Name noch von einer längst vergangenen Epoche zu künden scheint. Besucher der Stadt könnten beim Namen des Platzes durchaus vermuten, dass es sich hierbei um ein Überbleibsel aus DDR-Zeiten handele. Auch andere Straßennamen der Lübbenauer Neustadt könnten als stille Zeitzeugen der vergangenen sozialistischen Ära gelten. Stellen diese alten Straßennamen, wenn sie nun auch oft im neuen Gewand erscheinen, bis heute eine Provokation dar?

Für Diskussionen sorgten sie besonders nach der politischen Wende 1989/1990, als eine regelrechte „Welle" an Straßenumbenennungen begann. Hierbei wurden in Lübbenau wie in vielen anderen Ortschaften der ehemaligen DDR Straßen umbenannt, die besonders politisch motiviert erschienen, so erklärte Günther Noatsch, Hobbyhistoriker und Mitglied der AG Zeitgeschichte Lübbenau: „Die Umbenennung der Straßen erfolgte wie in einer Art Bilderstürmerei".

Dass dabei gerade die vergleichsweise stark politisch motivierten Straßennamen der Lübbenauer Neustadt weniger in den Fokus der Straßenumbenennungen fielen und wohl als weniger problematisch wahrgenommen wurden, bestätigt auch Peter Lenz, ebenfalls Mitglied der AG-Zeitgeschichte. Er gehörte Anfang der 1990er Jahre zu einer Gruppe von Lübbenauer Bürgern, die von der Stadt beauftragt worden waren, über die Umbenennung von Straßen zu diskutieren.

In den Diskussionen ging es einerseits darum, welche Straßen umbenannt werden sollen und welchen neuen Namen sie erhalten könnten. Die Gruppe stellte eine Vorschlagsliste auf, die dem Stadtrat zur Abstimmung vorgelegt und schließlich beschlossen wurde. Auffällig hierbei ist, dass die Neustadt, obwohl vor allem diese von politisch motivierten Straßennamen bis heute geprägt ist, keinerlei Umbenennungen erfahren hat. Einzig die Werner-Seelenbinder-Straße erregte damals die Diskussionen in den Beratungen zur Umbenennung, so Lenz. So sei der zu DDR-Zeiten hochgeehrte Sportler in den Diskussionen als „Erzkommunist" bezeichnet worden. Die Mehrheit entschied sich jedoch für die Beibehaltung des Straßennamens in Erinnerung an den anerkannten Sportler.

Andere Straßennamen in der Neustadt vermitteln heute eher einen neutralen Charakter. So erinnern sie an Komponisten wie Robert Schumann, Beethoven oder Richard Wagner oder würdigen Wissenschaftler wie Alexander von Humboldt oder Widerstandskämpfer gegen das NS-Regime, wie die Geschwister Scholl. Die für die Zeit der DDR so typischen Straßennamen wie Straße des Friedens oder Straße der Jugend haben eher zeitlosen Charakter, als dass sie heutzutage als störend empfunden werden könnten.

Abb.: Kurt Philipp Brendel

In einem neuen Gewand zeigt sich heute eine der wichtigsten Hauptmagistralen der Lübbenauer Neustadt, die Otto-Grotewohl-Straße. In den letzten Jahren wurde sie zu einer ansehnlichen Straße mit einladenden Fußgängerboulevard entlang des Kolosseums umgestaltet. In ihrem weiteren Verlauf in Richtung des Ortskerns von Zerkwitz steht sie jedoch noch sinnbildlich in Form einer Platten-Huckelpiste für die vergangene DDR-Zeit.

Nicht nur durch diesen Zustand fällt die Straße bis heute auf, sondern auch durch ihren Namenspatron. In sehr vielen anderen Städten der ehemaligen DDR waren nach der Wende Straßen, die nach dem SPD- und späteren SED-Politiker, sowie ersten Ministerpräsidenten der DDR (1949–1964) benannt waren, umbenannt worden. Wie auch immer das politische Vermächtnis Grotewohls interpretiert werden mag, steht er heute dennoch auch symbolisch für die Zwangsvereinigung von SPD und KPD (1946). Er gehörte der politischen Elite in einer stark stalinistisch geprägten Phase der DDR an. Insgesamt gibt es noch zwölf Ortschaften im Osten Deutschlands, die bis heute des Politikers Otto Grotewohl gedenken, zum Beispiel Neuruppin und Bad Salzungen. Gerade in den ländlichen Regionen Ostdeutschlands sind noch viele nach ehemaligen SED-Politikern benannte Straßen vorhanden. So gibt es allein 59 nach Wilhelm Pieck, dem ersten und einzigen Präsidenten der DDR, benannte Straßen und Plätze.

Und der Rote Platz? Tief kommunistisch motiviert oder nicht? Wie von Günther Noatsch zu erfahren gewesen ist, hieß der Platz zu DDR-Zeiten „Platz des Friedens". Aufgrund eines roten Schotters, der beim Bau des Platzes verwendet worden war und ihn prägte, habe sich im Lübbenauer Volksmund die Bezeichnung „Roter Platz" herausgebildet. Deshalb habe der Platz auch seitens der Stadt ganz offiziell gegen Ende der 1990er Jahre diesen Namen erhalten. Heute jedoch erinnert mit der neuerlichen Umgestaltung wiederum nur der damals belassene Name an den einst in roten Farben erstrahlenden zentralen Platz der Neustadt. So würdigen Straßennamen nicht nur Kulturschaffende oder Gelehrte, sondern berichten auch vom Leben der Menschen, die an den Straßen und Plätzen wohnen.

## In der Lübbenauer Altstadt

Mit Ruhebereichen zum Verweilen und als verkehrsberuhigte Zone präsentiert sich heute die Dammstraße als eine für Gäste und Einheimische der Stadt Lübbenau wichtige Verkehrsader in die Lübbenauer Altstadt. Bei der Gestaltung der Straße wurde darauf geachtet, dass dem Autoverkehr wie auch Fußgängern ein angenehmer Weg in die Altstadt ermöglicht wird. So grüßt beispielsweise der sagenhafte Schlangenkönig als steinerne Figur die aufmerksamen Passanten. Wie der in Stein gehauene Schlangenkönig schlängelt sich auch die heutige Dammstraße in Richtung Ortskern. Doch wie vielen

Abb.: Kurt Philipp Brendel

Passanten wird heutzutage noch bewusst sein, dass die Dammstraße eine der Straßen ist, die nach der politischen Wende 1989/1990 eine Umbenennung bzw. Rückbenennung erfuhr?

Schon vor dem Zweiten Weltkrieg trug die Straße die Bezeichnung Dammstraße, wurde jedoch zu DDR-Zeiten in Maxim-Gorki-Straße umbenannt, benannt nach einem bedeutenden Vertreter der literarischen Epoche des sozialistischen Realismus.

Zwei weitere Straßen in der Lübbenauer Altstadt trugen ebenfalls andere Namen. So hieß der heutige „Schlossbezirk" noch zu DDR-Zeiten Clara-Zetkin-Straße. Der Arbeiterführer Ernst Thälmann war hingegen der Namensvetter der heutigen Poststraße, die noch vor dem Zweiten Weltkrieg Lindenstraße hieß.

Solche Straßenumbenennungen waren nach der Wende nichts Ungewöhnliches – waren sie doch öffentlich sichtbares Zeichen einer sich verändernden Gesellschaftsform.

Dennoch stellt sich heutzutage die Frage, warum in Lübbenau jene Straßen in der Altstadt eine Umbenennung erfuhren, oben genannte in der Lübbenauer Neustadt dagegen nicht. Laut Günther Noatsch und Peter Lenz habe es nach 1990 keine großen Diskussionen über die Straßennamen in der Neustadt gegeben. Auffällig sei aber, dass die drei umbenannten Straßen in der Lübbenauer Altstadt wichtige Verkehrsadern sind: So führen Post- und Dammstraße direkt in das Herz Lübbenaus, der Schlossbezirk führt in Richtung des touristischen Hotspots Lehde.

Dies mag wohl auch ein Motiv der damaligen Umbenennungen gewesen sein: Gerade in der von Tourismus stark geprägten Altstadt sollte auch ein altstädtischer Charakter anhand der Straßennamen ablesbar werden. Hierbei wirken Post- und Dammstraße wie auch ein „Schlossbezirk“ weitaus vertraulicher und heimeliger als ihre ursprünglichen Bezeichnungen nach Ernst Thälmann, Maxim Gorki und Clara Zetkin. Gerade im Fall letzterer wirkt deren Umbenennung verwunderlich. Die Frauenrechtlerin Clara Zetkin, gehörte, wie auch ihre Zeitgenossin Rosa Luxemburg, zu den Vorkämpferinnen und Begründerinnen der KPD. Dass wohl nicht nur politische Motive eine Umbenennung der Clara-Zetkin-Straße nach 1990 veranlassten, sondern eher ihre innerörtliche Lage, wird daran deutlich, dass die Rosa-Luxemburg-Straße am Rande der Lübbenauer Neustadt nicht die Diskussion einer Umbenennung erfuhr. Heute gibt es deutschlandweit 169 Straßen und Plätze, die nach Clara Zetkin benannt sind, auch in Westdeutschland.

Die in Lübbenau ebenfalls umbenannte Ernst-Thälmann-Straße mochte aus ideologischer Sicht nach der politischen Wende 1989/1990 weitaus prekärer erscheinen. Insgesamt tragen heute jedoch noch 360 Straßen und Plätze den Namen Thälmanns, hierbei aber ausschließlich in Ostdeutschland.

Längst vergessen scheint heute der Namensträger einer kleinen Nebenstraße zu sein: Max Plessner. Dem jüdischen Lübbenauer Tierarzt war 1938 von den Nationalsozialisten seine Praxis entzogen worden. Bis zum Jahr 1942 hielt er den weiteren Schikanen und Demütigungen der Nationalsozialisten stand, bis er keinen Ausweg mehr sah als den Freitod. Zu DDR-Zeiten war ihm zu Ehren die frühere Recklinstraße umbenannt worden. Vielleicht wird in den nächsten Jahren die jetzt noch unansehnliche Straße in einen ihren wichtigen Namensträger würdigen Zustand gebracht.

Abb.: Kurt Philipp Brendel

# Neue Ausgrabungen in Lübbenau

## Archäologische Funde erweitern Wissen über unsere Vergangenheit

Peter Becker

Im Auftrag der REWE Markt GmbH begleitete die Firma ABBU René Methner & Lars Ruhnow GbR aus Cottbus archäologisch das Bauvorhaben am Roten Platz in Lübbenau seitdem Baubeginn im Juli 2020.

Auf dem Areal tauchten neue Bereiche eines bereits bekannten bronzeeisenzeitlichen Friedhofes der Lausitzer Kultur auf. Die Fragmente wurden durch das Archäologenteam dokumentiert und geborgen. Die Arbeiten wurden auch für das Brandenburgische Landesdenkmalamt ausgeführt.

Der bronzezeitliche Bestattungsplatz erstreckt sich über den heutigen Friedhof bis zum Platz des Friedens. Neben Bestattungen sind auch Siedlungsbefunde bekannt. Weiter gibt es Hinweise auf Hügelgräber. Im Bereich des neuen REWE-Marktes wurden bislang 185 Befunde, davon 140 eindeutige Gräber und das Gräberfeld betreffende Befundsituationen sowie weitere 45 Grubenbefunde und Brandgruben dokumentiert.

Die Gräber datieren von der Jung- und Jüngstbronzezeit (1100–850 v. u. Z.) bis in die jüngere Eisenzeit (850–400 v. u. Z.). Es gibt Einzel- als auch Mehrfachbestattungen. Je nach sozialem Rang des Verstorbenen sind zwei, drei oder mehrere kleinere Gefäße beigestellt: Trinkschalen, große Schalen, Terrinen, Teller, Näpfe, ein Ofenmodell, ein Doppelgefäß und anderes. Große Grabanlagen mit bis zu 30 Beigefäßen wurden erfasst.

Im Verlauf der 600-jährigen Belegung können Veränderungen im Grabbau verfolgt werden. In der Bronzezeit sind die Gräber einzeln über das Areal gestreut. Die bronzezeitlichen Gefäße sind sehr sorgfältig gearbeitet und erinnern in ihrer Machart an metallene Gefäße. Im Übergang zur Eisenzeit (älteres Billendorf) gibt es große Grabanlagen, häufig in rechteckiger Gestalt und mit vielen Beigefäßen. Zur jüngeren Eisenzeit (jüngeres Billendorf) liegen die Gräber gruppiert

Abb.: Peter Becker

*Grabungsfläche am Roten Platz 2020*

und enthalten viele Miniaturgefäße, stilistisch denen der Bronzezeit nachgeahmt. Hier wird auch deutlich sichtbar, dass diese Gefäße ausschließlich zum Zweck des Grabbaus angefertigt worden waren. Zum Ende der Eisenzeit um 400/300 v. u. Z. wurden die Gräber sehr schlicht mit nur einzelnen unverzierten Gefäßen.

In der Bronzezeit wurden die Verstorbenen während des Bestattungsrituals verbrannt, ihr Leichenbrand sorgfältig in ein Tongefäß gefüllt und dieses mit einer Schale abgedeckt. Häufig wurden diese Urnen mit einem gewandähnlichen Stoffstück umwickelt und dieses mit einer metallenen oder knöchernen Nadel verschlossen. Einzelne Fragmente dieses Schmucks sind häufig dem Leichenbrand aufgelegt. Hier wurden mehrere kleine Stücke bronzener oder knöcherner Gewandnadeln sowie einfache Bronzeringe in einzelnen Gräbern vorgefunden.

Die Gräber wurden vermutlich als hölzerne, ausgekleidete Grabkammern im Boden angelegt und mit der Urne sowie Gefäßen gefüllt, die Speisen für das Jenseitsreich enthielten. Die Grabkammern sind indirekt durch eine akkurat rechteckig ausgeführte Gefäßstellung und Feldsteinsetzungen in den Eckbereichen nachweisbar. Holzbefunde sind von anderen zeitgleichen Gräberfeldern der Lausitzer Kultur bekannt.

Durch die archäologischen Arbeiten lässt sich zudem nachweisen, dass diese Gräber oftmals zur Nachbestattung wieder geöffnet und erneut sorgfältig verschlossen wurden. Sie kommen damit Familiengrablegen gleich. In diesem Zusammenhang ließen sich häufig Scherbenpackungen in seitlichen Randbereichen dieser Familiengrablegen beobachten, die zeigen, dass in der Grabkammer bei einer Nachbestattung Platz geschaffen wurde, ohne die älteren Gefäße gänzlich herauszunehmen.

Die Archäologen sind auch auf Spuren noch älterer Besiedlungsphasen gestoßen. So stammen die ältesten menschlichen Spuren aus dem Mesolithikum (Mittelsteinzeit) und umfassen Brandgruben, Gruben sowie konzentrierte Streuungen mit Feuersteinklingen, Mikrolithen, Kernsteinen und Abschlägen, die als Befunde eines Werk- und Rastplatzes des 9. Jahrtausends vor unserer Zeit interpretiert werden können.

Ungewöhnlich für diesen Bestattungsplatz sind die eher seltenen Gefäßformen, wie etwa eine kleine Omphalosschale mit zwei Bodendellen sowie ein komplettverziertes Tönnchen der Jüngeren Bronzezeit. Zudem ist die zumindest phasenweise Nutzung des Untersuchungsgeländes außergewöhnlich: vom Werk- und Rastplatz im Mesolithikum zu einer mittel-jungbronzezeitlichen Besiedlung bis hin zum Gräberfeld der Jung-/Jüngstbronzezeit und zur Eisenzeit.

Nach Abschluss der Grabungsarbeiten wurden sämtliche Funde und Aufzeichnungen dem Brandenburgischen Landesdenkmalamt übergeben.

# In der Arztpraxis Burg gab es alles

## Erinnerungen an die Staatliche Arztpraxis in Burg

Kerstin Möbes

Vor 60 Jahren, am 2. Januar 1962, wurde in Burg im Spreewald die Staatliche Arztpraxis in der „Villa Salisch" eröffnet. Dank persönlicher Aufzeichnungen von Schwester Friedel Rösler (†) und OMR Dr. Annemarie Jakubik (†) kann ein umfangreiches Bild gezeichnet werden.

Heilkundige, Besprecher, „weise Frauen", Kräuterfrauen und Barbiere – das waren über Jahrhunderte die Personen, welche die Menschen des Spreewaldes in medizinischen Fragen aufgesucht haben. Sicherlich auch noch, als sich schon die ersten Ärzte niedergelassen hatten, so wie August Emanuel Christ. Der „Chirurgus aus der alten Schule" und seine Frau, eine Hebamme, hatten laut Ernst von Schönfeldt in Burg praktiziert und „es verstanden, sich Vertrauen zu erwerben". Beide erlagen hochbetagt 1849 der Cholera.[1]

Für wenige Jahre zog mit Dr. Gallus ein junger Arzt nach Burg, auf ihn folgte ab 15. Januar 1854 der Assistenzarzt des Lübbener Bataillons Dr. Wilhelm Ragotzky, der wohl bis 1910 praktizierte. Erwähnt wird von v. Schönfeldt auch Heinrich Steffen, der 1876 nach Burg gezogen war, und sich anfangs, weil sein Arztdiplom in Preußen nicht anerkannt wurde, als Heilpraktiker betätigte.

Über weitere verschiedene Ärzte, die kurzzeitig praktizierten, wird in den Archiven berichtet. (Ältere) Einwohnerinnen und Einwohner werden sich an Dr. Gustav Salisch († 1958) und Sanitätsrat Dr. Ernst Graske (1889–1981) erinnern. „Dr. Ernst Graske war ein ausgezeichneter Geburtshelfer. Dr. Salisch hatte besonders die Kinder ins Herz geschlossen, so war er auch als ‚Kinderarzt' bekannt", hat die langjährige Gemeindeschwester Friedel Rösler aufgeschrieben.

Einem Aktenvermerk über eine Beratung zum Thema Gesundheitsversorgung in Burg am 20. November 1959 zufolge machte man sich schon länger Gedanken um die „Verbesserung des Gesundheitswesens im Raum Burg".[2] 1958 war Dr. Salisch verstorben, und Dr. Graske, inzwischen 70-jährig, praktizierte allein. Für die damals rund 6.000 Einwohner im Burger Raum (heutiges Amtsgebiet) gab es daneben nur noch Dr. Eberhard Fröhlich aus Guhrow. Deshalb hatte man in Burg zusätzlich eine Notsprechstunde drei-

1) Ernst von Schönfeldt „Bruchstücke zur Geschichte von Burg im Spreewalde", 1889

2) Aktenvermerk vom 03.12.1959, Archiv Burger Heimatstube

mal wöchentlich eingerichtet, die von Dr. Müller aus dem Krankenhaus Cottbus durchgeführt wurde, wie die Lausitzer Rundschau vom 12. Januar 1962 berichtete.

Den Gemeindeschwestern, die ihre Hausbesuche bei Wind und Wetter, anfangs mit dem Fahrrad, später mit Moped erledigten, ist in dieser Zeit besonders viel abverlangt worden. So betreuten sie nicht „nur" die akut Kranken. Unverzichtbar war die soziale Betreuung vor allem der alten und alleinstehenden Menschen, die, entfernt in der Streusiedlung wohnend, kaum andere Kontakte hatten.

Die Lage war also bedenklich, doch bis 1965 sollte im Bezirk Cottbus nur ein Landambulatorium gebaut werden. Ob dieses nach Burg kommen sollte, war fraglich. Auf jeden Fall sollte es einen Arztstützpunkt in den ehemaligen Praxisräumen von Dr. Salisch geben. Dazu wolle der Rat des Kreises Cottbus das Gebäude kaufen.[3]

Der damalige Kreisarzt Dr. Wenzke wandte sich Anfang September 1961 an Annemarie und Manfred Jakubik und unterbreitete ihnen das Angebot, die Praxis zu übernehmen. Die jungen Ärzte hatten im September 1960 an der Karl-Marx-Universität (KMU) in Leipzig ihr Medizinstudium abgeschlossen und absolvierten gerade ihr Pflichtassistentenjahr an der Klinik der KMU. Noch im September besuchten sie Burg: „Die Praxis mit Wartezimmer, Aufnahme, Sprechzimmer war in der Villa Dorfstraße 160 neu eingerichtet, die übrigen Zimmer als Wohnung für uns schön renoviert. Nach dieser Besichtigung gingen wir zum Hafen an die Spree, wo Blasmusik, unter herbstlich bunten Kastanien ein lustiges Treiben, zu sehen war. Freundliche Spreewälderinnen boten ihre Gurken, Sauerkraut und frisches Gemüse an. Die Fährleute hatten zu tun, die Touristen in ihre Kähne zu bekommen bzw. sie aussteigen zu lassen. Diesen wunderschönen ersten Eindruck von Burg werde ich nie vergessen. Als wir danach zum Gasthaus ‚Waldschlösschen' fuhren, um unter altehrwürdigen Trauerweiden Kaffee zu trinken, war ich regelrecht verzaubert", erinnerte sich Dr. Annemarie Jakubik.

Und so verzaubert stand der Entschluss wohl schnell fest, denn schon am 2. Januar 1962 „ging es mit viel Herzklopfen" los.

In ihren Aufzeichnungen hielt Dr. Annemarie Jakubik einige Anfangsschwierigkeiten fest, so die Probleme, sich in der verzweigten Streusiedlung zu orientieren. Große Hilfe leistete ihnen Sprechstundenhilfe Annemarie Schulz. Aber auch die Angehörigen von Patienten „stellten Lotsen an Abbiegungen auf, schaufelten den Schnee weg usw."

Ihren ersten Hausbesuch hatten sie bei Luise Nahke in Burg-Kolonie. 46 Kilometer (!) seien sie mit ihrem Dienstwagen, einem nagelneuen Moskwitsch, gefahren, bis sie den Hof gefunden hatten. „Man schickte uns von einem Nahke zum anderen, deren Spitznamen

3) Ebenda

wir ja nicht kannten. Das waren ‚Hunde-Nahke', ‚Sabber-Nahke', „Milchkutscher-Nahke'. Letzte und richtige Adresse fanden wir erst mithilfe der Gemeindeschwester Helga, die wir von zu Hause im Ortsteil Dorf abholten."

Neben Sprechstunden in der Praxis und den Hausbesuchen standen für das junge Ärztepaar auch Außensprechstunden, Impfaktionen in den drei Ortsteilen sowie die Reihenuntersuchungen in Schulen, Kindergärten, Handwerksbetrieben und in der LPG an. Mit dabei auch immer die Gemeindeschwestern. Zwölf Jahre lang führte Dr. Annemarie Jakubik die monatlichen Mütterberatungen durch. „PKW gab es in den 60er Jahren kaum, in den 70ern unzureichend. So haben wir unsere Arbeit in allen Ortsteilen von Burg und den Randgebieten in Gemeindeschwesterstationen, z. T. auch in Gaststätten, selten auch in Wohnungen der Mütter durchgeführt."

Doch wie ging es mit der Staatlichen Arztpraxis am Standort in Burg weiter? Schon im Januar 1962, in der Beratung der Ständigen Kommission für Gesundheits- und Sozialwesen des Kreistages in Burg, wurde der Plan eines Erweiterungsbaues für die Arztpraxis vorgestellt. Der Rat der Gemeinde solle hier mehr in die Verantwortung genommen werden. Das „Dorfbauliche Programm der Gemeinde Burg-Spreewald" (Entwurf) vom 20. Mai 1963 führt dann auf, dass ein Landambulatorium bei einem Einzugsbereich von 10.965 Einwohnern (dazu gezählt wurden auch Byhleguhre, Byhlen, Naundorf, Straupitz, aber nicht mehr Guhrow und Briesen) „vertretbar" sei. Dennoch waren auch Chirurgie, Innere Medizin, Geburtshilfe sowie Labor- und Röntgenabteilung vorgesehen. Diese Einrichtungen sollten „auf dem ehemaligen Grundstück des verstorbenen Dr. Salisch durch Umbau und einen Anbau errichtet werden".

Erst 1966 wurde neben der „Villa Salisch" eine neue Arztpraxis errichtet. Der Neubau ist anfangs als Flachbau ausgeführt worden, was später viel Ärger bereitete, da es in den 1970er Jahren immer wieder durchnässte. Deshalb erfolgte 1984/85 der Aufbau eines Spitzdaches.

Mit dem Bau der Straße nach Leipe 1969 übernahm die Burger Arztpraxis auch die Betreuung der dortigen 150 Einwohner. Dafür versorgten die Vetschauer Ärzte fortan die Babower.

Ende 1972 wurde Dr. Manfred Duschka als weiterer Arzt eingestellt. Duschka, ein gebürtiger Burger, hatte zunächst den Beruf des Gärtners gelernt und erst später studiert und promoviert. Er wurde nun auch in den

Abb.: Kerstin Möbes

*„Villa Salisch" in der Burger Hauptstraße*

Abb.: Kerstin Möbes

*Das ehemalige Landambulatorium neben der „Villa Salisch" (Hintergrund)*

Bereitschaftsdienst eingebunden, für den das Ehepaar Jakubik bis dato allein zuständig gewesen war. Dr. Duschka war ab 1978 auch Betriebsarzt der LPG „Spreewaldgemüse" und führte mit Schwester Christel Bohg einmal wöchentlich Außensprechstunden in der Vermarktung in Burg-Kauper durch. Bereits 1976 hatte er die Leitung der Burger Arztpraxis übernommen.

Mit den Jahren vergrößerte sich das Gesundheitsangebot für die Menschen im Burger Raum, und die Wege nach Cottbus zu Ärzten entfielen. In der „Villa Salisch" – Familie Jakubik war mit ihren Kindern inzwischen in ein Eigenheim gezogen – fanden nun auch gynäkologische Sprechstunden mit Dr. Sägner statt. Internist Dr. Kurt Strähnz führte zweimal wöchentlich Sprechstunden durch.

Wie umfassend das Gesundheitsangebot in der Staatlichen Arztpraxis war, fasste auch Friedel Rösler, seit 1979 leitende Schwester, zusammen: „Es wurden Vorsorgeuntersuchungen aller Art durchgeführt, wie Schwangerenberatung ab 1964 und Betriebsuntersuchungen, Mütterberatungen, Impfungen, Herz-Kreislauf-Untersuchungen und Diätberatungen. In der Arztpraxis Burg gab es alles!"

1980 erhielt die Staatliche Arztpraxis Burg den Status eines Landambulatoriums. Mit Dr. Sabine Zoepp praktizierte in den Räumen in der „Villa Salisch" nun auch eine Kinderärztin, die zugleich für die Mütterberatung zuständig war.

Als der Kreis Cottbus-Land in fünf medizinische Versorgungsbereiche gegliedert wurde, übertrug man Dr. Duschka die Leitung für den Bereich Burg, der bis Sielow, Skadow, Döbbrick und Leipe reichte. Eingebunden waren hier alle Ärzte, die Zahnärzte in Burg, Briesen und Sielow sowie die Kinderkrippen.

1985 seien 30.000 Patienten behandelt worden, hatte Dr. Duschka auf der Woklapnica berichtete. Durchschnittlich habe man zwei Hausbesuche je Einwohner durchgeführt.

In den 1970er Jahren wurden Krankenschwestern ausgebildet und zum Staatsexamen geführt. Junge angehende Ärzte machten ihre praktische Ausbildung im Landambulatorium, wie zum Beispiel Bernhard Krumpelt, der hier am 1. September 1990 seine Facharztausbildung zum FA für Allgemeinmedizin begonnen hat. Er berichtet: „Ab 1.2.1991 wurde aus der staatlichen Arztpraxis eine private Gemeinschaftspraxis mit Herrn Dr. M. Jakubik und Herrn Dr. M. Duschka. Soweit ich mich erinnern kann, hat Frau Dr. A. Jakubik damals noch teilweise mitgearbeitet."

Diese Gemeinschaftspraxis, zu der ab 1. Juli 1994 auch Bernhard Krumpelt gehörte, bestand bis zum 31. Dezember 1997. Dr. Duschka praktizierte bis 2007 selbstständig und übergab die Praxis an Dr. Kamke. Bis 2010 war er angestellter Arzt in deren neuer Praxis in der Bahnhofstraße.

Bei Dr. Manfred Jakubik absolvierte Dr. Winzer ab 1997 seine Facharztausbildung. Er übernahm die Praxis 1999 von Dr. Jakubik, der sich aus Altersgründen zurückzog.

Im einstigen Landambulatorium entstanden neben der Praxis Dr. Winzer weitere Büro- und Geschäftsräume. Die „Villa Salisch" ist an privat veräußert worden und beherbergt neben Wohnungen auch ein Ingenieurbüro.

Schwester Friedel Rösler, die schon zu DDR-Zeiten viele Jahre ehrenamtlich für das Deutsche Rote Kreuz als Vorsitzende der Grundorganisation Burg aktiv war, gründete mit den Gemeindeschwestern eine DRK-Sozialstation, die Mitte 2001 von der Diakonie übernommen wurde.

OMR Dr. Annemarie Jakubik war ab 1966 Kreistagsabgeordnete, zeitweise Kreisärztin und wurde 1969, anlässlich des Tages des Gesundheitswesens als „Verdienter Arzt des Volkes" ausgezeichnet. Sie setzte sich unter anderem für die hygienische Verbesserung der Trinkwasserversorgung in der Streusiedlung Burg ein.[4]

4) Vgl. Klaus Haufe: 30 Jahre Trinkwassernetz in Burg (Spreewald). In: Stog 2021, S. 74–78

# Der Spreewald 1972 im Spiegel der Lokalpresse

## Eine Zeitungsschau nach 50 Jahren

ROLF RADOCHLA

Versetzen wir uns für einen Moment zurück in die Zeit vor 50 Jahren. Walter Ulbricht, der betagte Generalsekretär der SED und führende Kopf der gesellschaftlichen Umgestaltungen in der DDR der 1950er und 60er Jahre war von seinem Ziehsohn Erich Honecker abgelöst worden. Diese Veränderung ließ zunächst durchaus einen politischen und sozialen Aufschwung verspüren. Das Jahr 1972 wurde zu einem Jahr der internationalen Anerkennung der DDR. Am 3. Juni trat das mit der BRD-Regierung ausgehandeltes Transitabkommen in Kraft, und im Dezember wurde der so bedeutsame Grundlagenvertrag zwischen beiden deutschen Staaten unterzeichnet.

In den USA stand die Bürgerrechtlerin Angela Davis vor Gericht, und es drohte ihr die Todesstrafe. Von der FDJ aufgerufen, beteiligten sich Tausende Jugendliche an einer Postkartenaktion zu ihre Befreiung, so auch im Spreewald.

*Ausschnitt aus der Lausitzer Rundschau vom 25. Januar 1972*

*Werbung in der Lausitzer Rundschau (LR) 1972 für Blutdruck- und Kreislaufmittel aus dem Spreewald*

Die Olympischen Spiele im japanischen Sapporo und vor allem in München sahen die DDR an der Weltspitze des Sports. Mit 66 Medaillen lag die kleine DDR auf Platz drei im Nationenranking. Unsere Heimatregion hatte daran noch wenig Anteil, einzig die Mittelstrecken laufende Gunhild Hofmeister vom SC Cottbus holte im 1.500-Meter-Lauf die Silber- und im 800-Meter-Lauf die Bronzemedaille.

Ab dem ersten Januartag trat der pass- und visafreie Grenzverkehr über Oder und Neiße in Kraft. Dafür war in Guben ein Grenzübergang geöffnet wor-

**Inoffizielle Länderwertung**
**(Schlußstand)**

| | G | S | B | 4. | 5. | 6. | Pkt. |
|---|---|---|---|---|---|---|---|
| UdSSR | 50 | 27 | 22 | 16 | 19 | 9 | 668 |
| USA | 33 | 31 | 29 | 29 | 21 | 8 | 639 |
| DDR | 20 | 23 | 23 | 22 | 22 | 23 | 480 |
| BRD/Wb | 13 | 11 | 16 | 17 | 20 | 11 | 312 |
| Ungarn | 6 | 13 | 16 | 9 | 8 | 8 | 222 |
| Japan | 13 | 8 | 8 | 10 | 9 | 5 | 216 |
| Polen | 7 | 5 | 9 | 8 | 7 | 12 | 160 |
| Bulgarien | 6 | 10 | 5 | 8 | 3 | 3 | 145 |
| Australien | 8 | 7 | 2 | 6 | 5 | 6 | 133 |
| Großbrit. | 4 | 5 | 9 | 5 | 6 | 8 | 124 |
| Italien | 5 | 3 | 10 | 6 | 2 | 4 | 116 |
| Rumänien | 3 | 6 | 7 | 4 | 8 | 8 | 115 |
| Schweden | 4 | 6 | 6 | 3 | 4 | 9 | 108 |
| Frankreich | 2 | 4 | 7 | 5 | 2 | 4 | 85 |
| ČSSR | 2 | 4 | 2 | 6 | 5 | 6 | 76 |
| Finnland | 3 | 1 | 4 | 3 | – | 6 | 57 |
| Kenia | 2 | 3 | 4 | 2 | 1 | 1 | 54 |
| Kuba | 3 | 1 | 4 | 1 | 2 | 3 | 52 |
| Niederlande | 3 | 1 | 1 | 2 | 3 | 4 | [illegible] |
| [illegible]wien | [illegible] | [illegible] | [illegible] | [illegible] | [illegible] | [illegible] | [illegible] |

*Länderwertung der Olympischen Spiele von München, LR 12. 9.*

*Die Bezirkspresse brachte auch „Mode-Empfehlungen“, so am 25. November*

den. Die *Lausitzer Rundschau* brachte damals ein Interview mit einem Banker von der Bezirksdirektion der Industrie- und Handelsbank unter der Überschrift „Zloty rechtzeitig besorgen“.

Im Frühjahr beschloss die Volkskammer ein Gesetz über die Unterbrechung von Schwangerschaften. Es gab erstmals Gegenstimmen und Enthaltungen im DDR-Parlament. Von vielen jungen Frauen wurde der Schritt begrüßt.

Als meine Frau und ich im August das Standesamt verließen, brach ein allerheftigstes Unwetter mit Hagel, Gewitter und Sturm los. Man kann sich sicher denken, welche Prognosen für unsere Ehe von abergläubischen Angehörigen abgegeben wurden ... Am nächsten Tag erfuhren wir von dem schlimmen Ausmaß dieses Unwetters. Bäume wurden entwurzelt und fielen auf Straßen und Schienen, wodurch es zu Straßensperrungen und Zugausfällen noch am Folgetag kam. In Zahsow erschlug es die Insassen in ihrem Auto durch einen umstürzenden Baum. Insgesamt gab es 18 Tote in der ganzen DDR durch das Unwetter. In Vetschau legte ein Blitzeinschlag die Stromversorgung des Kraftwerkes lahm. Fensterscheiben splitterten unter dem Druck der Sturmböen.

Wenige Tage später kam es zur nächsten Katastrophe – zum schwersten Flugzeugabsturz in der DDR-Geschichte. Ein IL 62 der *Interflug* flog über Cottbus, als man technische Probleme feststellte, sie drehte um, zurück nach Schönefeld. Doch die Maschine kam nur bis Königs Wusterhausen. 156 Menschen, alle Fluggäste und die Besatzung, verloren ihr Leben.

Zum kulturellen Höhepunkt des Jahres wurde im Oktober die VII. Kunst-

# Unwetter über der DDR

**Beträchtliche Schäden auch im Bezirk Cottbus**

**Berlin/Cottbus (ADN/LR). Schwere Unwetter und starke Sturmböen verursachten am Freitag in der Hauptstadt sowie in mehreren Bezirken der DDR teilweise beträchtliche Schäden an Gebäuden, betrieblichen Anlagen sowie im Verkehrswesen.**

Ein heftiges Gewitter mit orkanartigen Böen entlud sich am Nach- … großen Teilen des Bezir- … der Spitzen-

Passant durch herabfallende Äste schwere Verletzungen.

21. JAHRGANG – NR. 195 | 30234 COTTBUS-LAND | DONNERSTAG, 17. AUGUS

# Letzte Opfer der Katastrophe geborgen

**ADN-Gespräch mit dem Leiter der Regierungskommission, Minister Otto Arndt**

**Königs Wusterhausen (ADN/LR). Zum Flugzeugunglück bei Königs Wusterhausen, dem am Mon- … 156 DDR-Bürger zum Opfer ge-**

Ärzte, sich auch sofort unmittelbar zur Unfallstelle begeben haben.

Frage: Genosse Minister, es ist nun …

Frage: Wir haben die Bergung hier zum Teil selbst als Journalisten miterfolgt. Nun wird es bestimmt für die Experten sehr schwierig sein, die Identifizierung vorzunehmen?

*Katastrophenmeldungen in der Lausitzer Rundschau am 12. und 17. August*

ausstellung der DDR in Dresden. 22 Kunstwerke von Künstlern aus dem Bezirk Cottbus waren dabei.

Im Spreewald machten 1972 Kinder aus Burg und Umgebung Furore. Gleich an mehreren Tagen brachte die Kreisseite Cottbus-Land der „Lausitzer Rundschau“ Artikel

*Originalbildtext: „Oh, diese Rüben!“ könnte Fritz Schultchen, Mitglied der Arbeitsgemeinschaft „Junge Photoreporter“ in Burg, diesen Schnappschuß aus unserem Spreewald nennen, Lausitzer Rundschau vom 5. Januar 1972*

und vor allem Bilder der Burger Arbeitsgemeinschaft „Junge Photoreporter Burg“, die vom Werbefotografen Leander Schurig aus Müschen geleitet wurde[1]. Die Arbeitsgemeinschaft feierte 1972 ihr zehnjähriges Jubiläum. Leider ließ der schlechte Zeitungsdruck die Foto-Kunst der jungen Leute eher erahnen als ansehen.

In den meisten Wortbeiträgen der Kreisseite drehte es sich um die landwirtschaftliche Produktion, ging es um Gemüse- und Getreideernte, Viehfuttergewinnung und die Erfüllung des Milchsolls, so auch auf der Woklapnica am 7. und 8. Januar in Burg. Damals schon übte der legendäre Martin Schmidt das Bürgermeisteramt in Burg aus, wie auch nach der Wende bis kurz vor seinem Tod im Jahr 2012. Martin Schmidt war 2004 auch Gründungsmitglied unseres *Stog*-Vereins.

Mit der landwirtschaftlichen Produktion gab es aber auch etliche Probleme und so manche Kampagne wurde in der Zeitung geführt, Verpflichtungen eingegangen, alles nächstens besser zu machen und das Plansoll zu erfüllen.

Siegfried Ramoth aus Werben – heute als Heimatforscher und Werben-Buch-Autor bekannt, auf den Zeitungsseiten damals mal als Genossenschaftsbauer, mal als Volkskorrespondent bezeichnet – forderte zum Beispiel unter dem Titel „Nur kooperativ wird der Spreewald effektiv“, die beginnende Kooperation der Genossenschaften zu verbessern. Auch mit der Schlagzeile „Acht Dörfer

1) Vgl.: Stog 2006 und 2011

Marianne Ramoth (Mitte): „Es ist uns klar, daß es wichtig ist, den Plan zu erfüllen." Rechts im Bild: Genossenschaftsbäuerin Gerda Rehnus, links Thea Goya. (Fotos: Kaffka)

Versteckspiel schmälert den Gewinn der Mitglieder

Am 7. und 8. Januar rechneten die Bürger der Gemeinde Burg auf ihrer traditionellen Woklapnica das zurückliegende Jahr ab. Die Ergebnisse sind recht erfreulich, doch sie weisen auch auf noch vorhandene Schwächen hin. Das geht auch aus dem Bericht des Bürgermeisters, Genossen Schmidt, über die Probleme der Landwirtschaft in Burg hervor. Es hieß da u. a.:

Immer dringender tritt die Frage der weiteren Intensivierung unserer Landwirtschaft an uns heran. Wir wissen, daß der Weg dazu ... auf denen die Hauptschwerpunkte erarbeitet und konzipiert wurden. Das ermöglichte bei uns eine zielgerichtete Zusammenarbeit der ört- ... den Genos-

unter einem Hut" propagierte die Lausitzer Rundschau die Kooperation der Dörfer, hier am Beispiel von Straupitz. Es sollte dabei nicht nur um die Landwirtschaft gehen, sondern ebenso um ein gemeinsames Landwarenhaus, um eine Zentralannahmestelle für 28 Arten von Dienstleistungen, um gemeinsame Kulturveranstaltungen und Fußballturniere, um Bücheraustausch der Gemeindebibliotheken, Theaterfahrten und Schriftstellerlesungen. Zum Jahresende wurden dann auch einige Dörfer größeren angegliedert. So verlor damals Ruben seine Selbstständigkeit.

1972 war auch das Jahr, in welchem noch private Wirtschaftsbetriebe und solche mit staatlicher Beteiligung in volkseigene Betriebe überführt wurden. Im Kreis Cottbus-Land waren Betriebe in Drebkau und Peitz davon betroffen. Die Zeitung meldete stets nur positive Nachrichten: die Belegschaften beschlössen den Übergang zum volkseigenen Betrieb, die Komplementäre der halbstaatlichen Betriebe boten ihre Anteile dem Staat zum Kauf an. Die Zeitungsmeldung über die Zustimmung der Dampfmüller in Turnow nennt weitere Betriebe, wie die Fa. Stauß & Ruff, Fa. Greiner und Co Drebkau sowie die Fa. Hebler in Peitz. In Lübbenau waren

Das Arbeiterwort der Dampfmüller

Eine richtige Entscheidung in den Betrieben mit staatlicher Beteiligung

„Die Beschlüsse des VIII. Parteitages sind darauf gerichtet, die entwickelte sozialistische Gesell- ... Auch bei den Komplementären dieser Betriebe gibt es Aufgeschlossenheit und Zustimmung. Die Komunter anderem die Gurkeneinlegebetriebe Markus, Müller, Hentschel und die Babben-Brauerei, in Lübben die Möbelfabrik Alfred Haschenz und die Fa. Ahrenz davon betroffen.

Als die Saison im Januar und im Februar begann, war der Spreewald noch fast touristenfrei, idyllisch in Weiß gehüllt, wie ein Pressefoto von Jürgen Kaffka zeigte. Allerdings war es nur eine Frage der Zeit, bis der Touristenstrom wieder einsetzen würde. Bald schon hieß es dann in der Zeitung: „Burg zur Saison gerüstet“ (LR vom 6.5.).

Doch es fehlte den Einheimischen und den Touristen seit über einem Jahr die besondere Attraktion der Spreewaldbahn – und das sicherlich bis heute. Damals meinte man in der zeitengen Kurzsichtigkeit, dass die Kleinbahn nicht mehr effektiv betrieben werden könne. Übrigens war diese Krankheit in ganz Mitteleuropa ausgebrochen. Vielleicht sollte die abgebildete Karikatur ohne Worte die Spreewälder an ihre „Spreewaldguste“ erinnern.

„Platz der Spreewald aus den Nähten“ fragte Kurt Domaschk, Verfasser

*Winterliche Spreewaldidylle in Burg Kauper*

AUF DIE URLAUBER GUT VORBEREITET haben sich die Gaststätten und Heime in Burg. Gäste, die ihr Quartier im „Hotel zum Spreewald" aufschlagen, werden sich sicher sehr wohl fühlen, denn das Gebäude erhielt innen und außen einen neuen Farbanstrich. Die Terrasse wird überdacht, so daß die Gäste auch bei einem Schauer ihren Kaffee im Freien genießen können.
(Foto: Erwin Duschka)

**Burg zur Saison gerüstet**

**Urlauber werden erwartet**

**Burg.** Am 22. April wurde in der Gemeinde Burg der „Tag der Saisonbereitschaft 1972“ durchgeführt. An dieser Begehung und Beratung nahmen Vertreter des Rates des Kreises, Handel und Versorgung, des Rates des Bezirkes, Abteilung Preise, sowie des örtlichen Organs und Vertreter der Partei- und Massenorganisationen teil.

Ziel der Kontrolle war, festzulegen, welche Maßnahmen noch getroffen werden müssen, damit mit Beginn der Urlaubersaison eine volle Bereitschaft in den Gaststätten, FDGB-Heimen, Lebensmittelgeschäften, Bäckereien und im LEZ vorhanden ist. Die festgestellten Mängel sind den Betroffenen schriftlich mitgeteilt worden. Eine Nachkontrolle ist festgelegt.

**Rehnus**
Vorsitzender der Kommission

*Keine Angaben zum Zeichner, ohne Titel, Spreewaldbahn?*

# Platzt der Spreewald aus den Nähten?

Noch dauert der Winterschlaf der Spreewaldkähne an. Sie liegen gelangweilt an den Wasserstraßen und „träumen" vom Sommer, der Sonne und der bevorstehenden neuen Saison. Ein kühler Wind streicht durch den menschenleeren Lübbenauer Kahnfährhafen. Doch in zwei Monaten zeigt sich diese Stadt, das „Tor zum Spreewald", seinen Besuchern von einer anderen Seite, da beginnt die Touristensaison 1972.

**1972 eine Million Besucher?**

Im Vorjahr kamen 700 000 Besucher, davon 52 000 Ausländer aus aller Herren Länder, in den Spreewald. An den Wochenenden wurden bis zu 12 000 Fahrzeuge gezählt. In den Gaststätten herrschte Hochbetrieb.

**Wie laufen die Vorbereitungen für diesen Sommer? Kann Lübbenau der bevorstehenden Saison** [...] ersten 1300 Gäste angemeldet. Es zeichnen sich neue Größenordnungen ab. Mit einer Million Besucher wird gerechnet.

Werden ihre Erwartungen vom Spreewaldausflug erfüllt, werden sie ein unvergeßliches Erlebnis haben? Wir unterhielten uns darüber mit Bürgermeister Paul Hentschker.

**300 Fährleute staken in „See"**

Die Ständige Kommission Erholung und Spreewaldfragen der Stadtverordnetenversammlung bereitet mit ihren Untergruppen die neue Saison bereits seit Abschluß der vorhergehenden vor. Die Erfahrungen fließen in die Pläne ein, die im Ratskollektiv auf dem Tisch liegen. Viele Lübbenauer Bürger arbeiten seit Wochen daran, daß wir im Sommer in der „grünen Lunge" unseres Energiebezirkes gut betreut und versorgt werden.

[...] nen sich Paddelboote ausleihen. Es wird Hafenkonzerte und Auftritte von Kulturgruppen geben.

Besondere Vorbereitungen werden für die Gäste aus der VR Polen und der ČSSR getroffen. Die Nationalflaggen werden zur Begrüßung aufgezogen. Es wird ein Auskunftsbüro eröffnet. In den Saisongaststätten, die über 5000 Innen- und Außenplätze verfügen, liegen dreisprachige Speisekarten aus, und das Angebot an Spreewaldspezialitäten wird erweitert. Auch die Vergrößerung des Zeltplatzes für den internationalen Reiseverkehr gehört dazu.

**Ein Spaziergang lohnt sich auch**

Der Fremdenführer im Kahn soll eine nette neue Kleidung erhalten. Dem Rat liegen mehrere Entwürfe vor. Auf jeden Fall – und darüber ist man sich einig – wird der Spreewaldkapitän eine [...] zu einem Zweckverband zusammengeschlossen haben, für den wachsenden Tourismus getan.

Ist da noch Platz für die Einwohner, für die Energiearbeiter der Kraftwerke Lübbenau-Vetschau? Die Naherholung wird mit dem Besucherstrom sinnvoll verbunden. Erstmals werden in diesem Jahr im neu angelegten Rosengarten 5000 Rosen blühen. Das Heimatmuseum, das im Vorjahr 83 200 Besucher zählte, eines der wenigen Freilandmuseen in Europa, wird erweitert. Die ausgediente „Spreewaldguste", wie die Kleinbahn, die über Jahrzehnte von Cottbus nach dem Spreewald verkehrte, im Volksmund genannt wird, erhält eine Halle im kleinen Verkehrsmuseum.

Lübbenau hat ein kleines Tiergehege. Es gibt schöne Wanderwege, und in diesem Jahr wird ein Konzertkiosk gebaut. Alle in- [...]

des Artikels in der Lokalausgabe schon im März 1972 und prognostizierte nach 700.000 Touristen 1971 für das laufende Jahr, dass man die Millionengrenze knacken würde.

So war es der Zeitung dann auch eine Meldung wert, als ein englischer Professor in den Spreewald kam und sich für Werben interessierte. Aber das hatte seinen Grund: Die Vorfahren des Prof. Dalic aus Oxford waren von hier im 19. Jahrhundert nach Australien ausgewandert. Dalic kam später noch mehrfach in den Spreewald.

Damit sich Touristen und Einheimische wohlfühlten, bekamen die Verkäuferinnen in der 1970 neu errichteten Kaufhalle von Burg zwei Jahre später ein verdientes „Lob der Woche“. Die Abkürzung „LEZ“ bedeutete „Ländliches Einkaufs-Zentrum“. Das Gebäude steht noch, „Kaufhalle“ ist es nicht mehr aber einkaufen kann man dort noch.

Wenn sich jemand danebenbenahm, konnte er auch schon mal gerichtlich belangt werden, und wenn er Pech hatte, machte der „Gerichtsreporter“ seine Tat auf der Kreisseite publik, meist anonym, manchmal aber auch mit Namen genannt. So erging es im

# Zufriedene Kunden - volle Kassen

**Unser Lob der Woche**

... gilt heute dem Verkaufskollektiv des LEZ Burg

Im August 1970 öffnete das Ländliche Einkaufszentrum

Rowdytum bei uns nicht geduldet wird, zogen sie nicht die erforderlichen Schlußfolgerungen. Sie nahmen sich zwar vor, selbst keine Schlägereien zu inszenieren, ...

... weit führen, diese Handlungen im einzelnen zu beschreiben, deshalb muß ich mich damit begnügen, zu sagen, daß Hettmann und Sapjatzer dabei die größere Intensität zeigten ...

Im Gerichtssaal notiert:

## Hinter Schloß und Riegel

Von unserem Gerichtsberichterstatter Horst Seifert

März 1972 Manfred H., Dieter S. und Bernhard L. aus Zahsow und Gulben, die wegen Rowdytums „hinter Schloss und Riegel" kamen. Doch Wirtshausschlägereien waren auf den Dörfern sicher keine Seltenheit, besonders, wenn viel getrunken worden war. Gelegenheit gab es reichlich, vor allem in der Fastnachtszeit. Dann warben die Gasthäuser für den Besuch – wie hier der Werbener „Stern".

**ZUM STERN**
**WERBEN**

Auf zur
**Männerfastnacht**
am 19. Februar 1972 — Beginn 19 Uhr
Sonntag, den 20. Februar 1972
**Große Jugendfastnacht**
mit traditionellem Umzug — Ausmarsch 13 Uhr
anschließend TANZ

Aber nicht alle soffen, manche machten auch Sport, spielten zum Beispiel Fußball. Denn Sport war gesellschaftlich geachtet und machte Spaß, Saufen manchmal auch, aber hatte nicht die Reputation. Andere taten beides. Das fußballerische Können der „Traktoren", „Turbinen" und „Fortgeschrittenen" wurde in der Zeitungsrubrik *Sport aktuell* kontinuierlich dokumentiert, so wie der 4:1-Sieg von Traktor Werben im Bezirks-Traktor-Pokal gegen Fortschritt (woher vergaß der Schreiber zu erwähnen).

Im Jahr 1972 fand die „Kinder- und Jugendspartakiade" statt – da waren

## SPORT AKTUELL

Im Bezirks-Traktorpokal-Wettbewerb ist unser Kreis nicht mehr vertreten, nachdem nun auch Werben die Segel streichen mußte. Von dieser interessanten Begegnung und von einigen aufschlußreichen Freundschaftsspielen berichten wir in Kurzfassung:

**Fortschritt – Werben 4:1**

Man muß dem Gast bescheinigen, daß er über eine Stunde lang dem Favoriten mehr als ebenbürtig war. Die 1:0-Führung, nach einem Weitschuß erzielt, war in der 30. Minute fällig. Erst eine Viertelstunde nach Beginn der zweiten Halbzeit konnte Fortschritt durch Sterz ausgleichen. Eine Unachtsamkeit in der Gästeabwehr nutzte Glaschick schon drei Minuten später zum 2:1 aus. In der 70. Minute handelte sich Starick einen Platzverweis ein, als er ohne Ball nachgeschlagen hatte. Damit

**Dissenchen – Kahren 3:2**

Zum Auftakt mußte sich der Kreisligist eine überraschende Niederlage gefallen lassen. Dissenchen startete verheißungsvoll und schoß eine schnelle 3:0-Führung heraus. Erst danach konnte sich der Gast etwas mehr zur Geltung bringen.

**Turbine – Motor Forst 2:1**

Die Gäste konnten den Nachweis eines Tabellenführers der Spielunion Guben/Forst in dieser freundschaftlichen Begegnung nicht erbringen. Spielerisch hielten sich beide Mannschaften etwa die Waage. Turbine zeigte sich vor dem Tor entschlossener, so daß der knappe Sieg in Ordnung geht. Torschützen: Müller und Weise.

**Groß-Gaglow – Energie 4:2**

Ein schönes Spiel mit vielen guten ...

**Elke und Wilfried fahren nach Po...**

Burg. Elke Kornauka aus Werben und Wilfried ...

**Bravo, Wilfried!**

Am vergangenen Sonntag fanden in der Senftenberger „Aktivist"-Sporthalle die Bezirkshallenmeisterschaften der Leicht-

**In Berlin dabei**

IV. Kinder- und Jugendspartakiade der DDR

**Elke Kornauka**
SSG Werben

zuerst Kreis-, dann Bezirks- und endlich die zentralen Sportwettkämpfe in fast allen Olympischen Disziplinen in Leipzig angesagt. Burg und Umgebung hatte zwei heiße Eisen im Feuer der Leichtathletik zu bieten: Wilfried Baronik und Elke Karnauka. Wilfried Baronik aus Burg ist heute einer der wohl letzten Gemüsebauern im Spreewald.

Die alten Volksbräuche wurden in unserem Gebiet weiter gepflegt, jedoch wie es scheint nicht mehr in der Intensität wie noch in den 1950er Jahren. Mit den LPG-Traktoren verschwanden die Pferde für das Hahnrupfen.

So herrschte denn auch über das diesjährige Hahnrupfen keine rechte Zufriedenheit bei den Jugendlichen. Statt sonst 15 oder 20 Pferden starteten nur 8. Einen der Gründe nannte uns der Feldbaubrigadier Reinhold Gniel: „Wir haben immer weniger Pferde in unserer LPG, und das Ausleihen ist sehr kostspielig." Ruth Büchner, Küchenhilfe im Gasthaus Stern, führt an: „Alles war zu kurzfristig organisiert."

**Einmal Hahnrupfen reicht nicht über den Winter**

In Werben gedachte man am 24. Mai des im Jahr 1853 hier geborenen sorbischen Dichters und Predigers Mato Kosyk (1853–1940), der 1883 in die

**Zum Gedenken Mato Kosyks**

**Werben.** Am vergangenen Freitag versammelten sich Mitgl...

USA ausgewandert war. In Zahsow gedachte man der Schriftstellerin Marjana Domaškojc (1872–1946) anlässlich ihres 100. Geburtstags.

Und zum Schluss eine AKTUELLE Karikatur aus dem Jahr 1972.

„Es ist zum Ästeausreißen – haben denn einige Bürger aus dieser Gegend noch nichts von sozialistischer Landeskultur gehört?!" (Zeichnung: Schadow)

Alle Abbildungen:
Autorenrecherche im Stadtarchiv Cottbus

# Warmwasserfischzucht im Kraftwerk Vetschau

## Mit weniger Wasser mehr Fischproduktion

Helmut Ziehe

Im Stog 2021 habe ich berichtet, wie im Kraftwerk Vetschau durch die Binnenfischer gemeinsam mit den Kraftwerkern die Aquakultur in den 1960er und 1970er Jahren entwickelt wurde und dabei nationale und internationale Aufmerksamkeit erlangt hat. Diesmal geht es um die Zeit ab 1980 bis zur Stilllegung des Kraftwerkes Vetschau am 30. Juni 1996.

Die Teichwirtschaften der Binnenfischer wiesen eine Fläche von 14.000 Hektar auf. Auf einer Fläche von circa 130.000 Hektar Binnenseen wurden ebenfalls Fische aufgezogen, gefangen und verarbeitet. Die Planung in der DDR sah vor, dass im Vergleich zu 1970 im Jahr 1980 eine Verdoppelung der Fischproduktion im Verantwortungsbereich der Binnenfischer erreicht werden sollte. Als absolute Größenordnung waren das 26.000 Tonnen Feinfisch. Davon sollte unter anderem der Anteil von Forellen 1.500 Tonnen betragen. Dieses Ziel wurde mit circa 4.000 Tonnen im Jahr weit überboten. Die Basis für das Erreichen dieser Zielstellungen war eine erfolgreiche künstliche Erbrütung sowie eine verlustarme Vorstreckung der Fische.

1980 erlitt die Erbrütung bei den Binnenfischern von Wermsdorf (Sachsen) einen Totalausfall. Deshalb wurde in Vetschau mit den Wissenschaftlern des Instituts für Binnenfischerei in Berlin-Friedrichshagen und der Zweigstelle für Fischereitechnik in Potsdam-Sacro intensiv an der Verbesserung der Erbrütung mit dem Schwerpunkt Karpfen gearbeitet. 1984 gelang es dabei erstmals, den gesamten DDR-Bedarf mit rund 206 Millionen Stück Karpfenbrut zu decken. Als Brut wurden neben den Spiegelkarpfen auch pflanzenfressende Karpfen wie Armur-, Silber- und Marmorkarpfen sowie Welse, Störe und Forellen innerhalb der Forschungsprojekte untersucht.

Wie bereits im Stog 2021 berichtet, konnte die geplante Aalproduktion nicht erreicht werden. Interessant ist in diesem Zusammenhang, dass auf Hinweis des damaligen Politbüromitglieds Gerhard Grüneberger Aalbrut aus Kuba zum Einsatz kommen sollte. Pech für die DDR war, dass Japan hohe Preise für die Brut zahlte und wir unter fehlenden Valuta litten. Die Brut ging deshalb komplett nach Japan. Somit war auch über den monetären Weg die Aalproduktion in der DDR ausgebremst. Also mussten die Fischer im Kraftwerk alles tun, um mit Karpfen erfolgreich zu sein.

Abb. Sammlung Helmut Ziehe

*Ostseite des Kraftwerkes Vetschau mit Fischteichen 1995*

Um die Laichfische vor Ort zu haben, wurden die bereits Mitte der 1970er Jahre am Kraftwerksareal errichteten Teiche für deren Haltung genutzt. Ursprünglich waren die fünf Hektar umfassenden Teiche als Absetzanlage zur Reduzierung der organischen Belastung des Wassers konzipiert. Neben den Teichen wurden auch noch Becken errichtet, in denen vor allem die Brut aufgezogen wurde.

Abb. Sammlung Helmut Ziehe

*Abfischen im Fischteich Vetschau*

Die Komplexität der Warmwasserfischzucht von der Erbrütung über die stufenweise Aufzucht der Fische sowohl in der Warmwasserhalle als auch in den Becken im östlichen Kraftwerksbereich erforderte gut ausgebildetes Personal mit Hochschul- oder Universitätsabschluss, vor allem für den Fischgesundheitsdienst.

Eine damals jungen Absolventin der Humboldt-Universität, Ramona Oppermann, ist heute Geschäftsführerin der Peitzer Edelfisch GmbH. Das Kraftwerk stellte bis zu 2.500 Kubikmeter Warmwasser zur gezielten Temperatureinstellung des Erbrütungswassers zur Verfügung. In der warmen Jahreszeit kam auch Brauchwasser direkt aus der Wasseraufbereitung des Kraftwerkes für die Fischaufzucht zum Einsatz. Dieser Prozess erforderte immer exakte Abstimmungen zwischen Kraftwerkern und Binnenfischern.

Der Betrieb der Kraftwerke sollte mit ständig weniger Wasser aus der Spree gewährleistet werden. Ein langjähriges Forschungsprojekt, bereits 1976 im Kraftwerk Lübbenau begonnen, hatte das Ziel, insbesondere den Kühlwasserbedarf spürbar zu senken. In Zusammenarbeit mit dem Institut für Kraftwerke in Vetschau, dem Institut für Energetik in Leipzig und dem VEB Fettchemie Karl-Marx-Stadt (heute Chemnitz) ist es gelungen, ein geeignetes Mittel zu entwickeln.

Mit dem Härtestabilisator *Cublen KL* (KL für Kraftwerk Lübbenau) gelang ab 1980 die schrittweise Verringerung des Spreewasserbedarfes für beide Kraftwerke. Das bedeutete auch in Vetschau eine Verringerung des Warmwasserangebotes für die Binnenfischer. Neben der Wassermenge musste die Wirkung des neuen Mittels auf die Fische, beginnend bei der Erbrütung bis zu den Laichfischen, intensiv untersucht werden.

Ein umfangreicher Veterinärtoxikologischer Prüfungsplan wurde mit allen Partnern der Fischerei, der Energiewirtschaft und Wasserwirtschaft realisiert. Dazu gehörten das Institut für Binnenfischerei Berlin-Friedrichshagen, der VEB Binnenfischerei Peitz, der Zentrale Fischgesundheitsdienst des Landwirtschaftsministeriums der DDR in Berlin, das Staatliche Veterinärmedizinische Prüfungsinstitut in Berlin, das Bezirksinstitut für Veterinärwesen Cottbus, die Staatliche Gewässeraufsicht der Wasserwirtschaftsdirektion in Cottbus, der VEB Fettchemie Karl-Marx-Stadt, das Institut für Kraftwerke und die Kraftwerke Lübbenau-Vetschau. Nach dieser umfangreichen fachlichen Arbeit wurde erreicht, dass Ökonomie, Fischwirtschaft und Gewässerschutz „unter einen Hut“ gebracht wurden.

Die geplanten Produktionsziele der Warmwasserfischzucht als Teil des Kraftwerksbetriebes konnten bis zur Außerbetriebnahme des Vetschauer Kraftwerks fast immer erreicht werden.

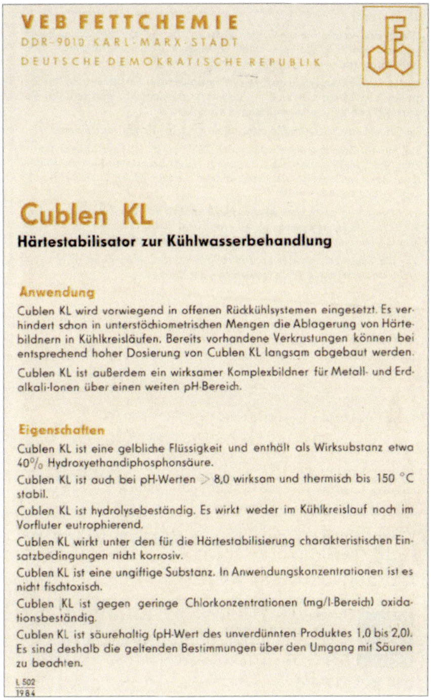
VEB FETTCHEMIE
DDR-9010 KARL-MARX-STADT
DEUTSCHE DEMOKRATISCHE REPUBLIK

Cublen KL

Härtestabilisator zur Kühlwasserbehandlung

Anwendung

Cublen KL wird vorwiegend in offenen Rückkühlsystemen eingesetzt. Es verhindert schon in unterstöchiometrischen Mengen die Ablagerung von Härtebildnern in Kühlkreisläufen. Bereits vorhandene Verkrustungen können bei entsprechend hoher Dosierung von Cublen KL langsam abgebaut werden.

Cublen KL ist außerdem ein wirksamer Komplexbildner für Metall- und Erdalkali-Ionen über einen weiten pH-Bereich.

Eigenschaften

Cublen KL ist eine gelbliche Flüssigkeit und enthält als Wirksubstanz etwa 40% Hydroxyethandiphosphonsäure.

Cublen KL ist auch bei pH-Werten > 8,0 wirksam und thermisch bis 150 °C stabil.

Cublen KL ist hydrolysebeständig. Es wirkt weder im Kühlkreislauf noch im Vorfluter eutrophierend.

Cublen KL wirkt unter den für die Härtestabilisierung charakteristischen Einsatzbedingungen nicht korrosiv.

Cublen KL ist eine ungiftige Substanz. In Anwendungskonzentrationen ist es nicht fischtoxisch.

Cublen KL ist gegen geringe Chlorkonzentrationen (mg/l-Bereich) oxidationsbeständig.

Cublen KL ist säurehaltig (pH-Wert des unverdünnten Produktes 1,0 bis 2,0). Es sind deshalb die geltenden Bestimmungen über den Umgang mit Säuren zu beachten.

L 502
1984

Abb. Sammlung Helmut Ziehe

URKUNDE

FÜR

WASSERWIRTSCHAFTLICH
VORBILDLICHE ARBEIT

VERLIEHEN AN

VEB Kraftwerke Lübbenau - Vetschau
Produktionsbereich Vetschau

Abb. Sammlung Helmut Ziehe

Das Kraftwerk Vetschau wurde 1986 als „Wasserwirtschaftlich vorbildlich arbeitender Betrieb" ausgezeichnet. Für die Entwicklung des neuen Wasserbehandlungsverfahrens bekamen die Forscher 1986 den „Nationalpreis für Wissenschaft und Technik", weil über den Kraftwerksbetrieb hinaus auch Betriebe der chemischen Industrie und die Stahlwerke für ihre Kühlkreisläufe dieses Verfahren anwenden konnten.

Seit Mitte der 1970er Jahre waren die Industriebetriebe der DDR aufgefordert, zusätzlich Konsumgüter zu produzieren. In den 1980er Jahren lautete der Auftrag, bis zu fünf Prozent der Produktionskapazität dafür zu nutzen. Somit war dann auch die Warmwasserfischzucht in Kraftwerken Bestandteil dieser Planziele, aber die fünf-Prozent-Vorgaben für die Kraftwerke waren illusorisch.

Am Kraftwerk Boxberg nahm 1981 die größte Warmwasseranlage mit 144 Becken mit jeweils 40 Kubikmeter Volumen sowie zwei Absetzbecken, zwei Klärbecken und vier Fischteiche die Fischproduktion auf. Diese Anlage bekam ein eigenes Wasserrecht zur Entnahme und Nutzung von Warmwasser aus dem Kraftwerk sowie von Kaltwasser aus der Spree und dem Schöps. Mit der schrittweisen Inbetriebnahme des Kraftwerkes Jänschwalde ab 1981 wurde auch hier, ausgehend von den bis dahin gesammelten Erfahrungen, insbesondere von den erzielten Ergebnissen in Vetschau, die Warmwasserfischzucht erwogen. Ziel war es, die vorhandenen Kraftwerkskapazitäten ohne zusätzliche Investitionen für die Fischwirtschaft zu nutzen. Im April 1983 starteten erste Versuche mit Satzkarpfen im Absalzkanal eines Kühlkreislaufes.

Ein Jahr später wurde im Februar eine Grundsatzvereinbarung zwischen dem Kombinat Braunkohlenkraftwerke und dem VEB Binnenfischerei Peitz unterzeichnet. Darin wurde vereinbart, dass alle Möglichkeiten zur Fischproduktion zu untersuchen sind und Voraussetzungen für eine planmäßige Produktion geschaffen werden.

Aber zurück zum Standort Vetschau. Bis zur Stillsetzung des Kraftwerkes im Juni 1996 wurden intensiv alle Stufen der Fischproduktion, beginnend bei der Erbrütung, der Vorstreckung der Karpfen bis zur Haltung der Laichfische untersucht und neue Erkenntnisse umgesetzt. Wichtig war die Gewährleistung einer guten Wasserqualität wie Temperatur, Salzgehalte und besonders der optimale Sauerstoffgehalt, dazu die Entwicklung einer Futtergüte, die neben einer ausreichenden Versorgung

Abb. Helmut Ziehe

*Heute dienen die Fischteiche als Wasserbehandlungsanlage für das Eichower Fließ*

der Fische auch eine geringe Belastung des Abwassers in Richtung Spreewald gewährleistete.

Mit der Nutzung der Warmwasserhalle, der Fischteiche und Becken waren dafür die besten Voraussetzungen gegeben. Standen 1990 noch rund 1.600 Kubikmeter Wasser pro Stunde für die Binnenfischer zur Verfügung, verringerte sich aber die Warmwassermenge schrittweise bis auf 200 Kubikmeter pro Stunde. Damit konnte vor allem die Erbrütung nicht mehr am Standort Vetschau erfolgen und wurde zum Kraftwerk Jänschwalde verlagert.

Als Fazit kann für die Warmwasserfischzucht im Kraftwerk Vetschau formuliert werden, dass Ökologie und Ökonomie sich nicht ausschließen, sondern dass eine partnerschaftliche Zusammenarbeit von Fischern und Kraftwerkern für alle Vorteile ermöglicht hatte.

Mein besonderer Dank für ihre hilfreiche Unterstützung gilt Hans Wilhelm Blume (ehemaliger Generaldirektor) aus Peitz und Lutz Gubbatz aus Stradow, der langjährig in Vetschau als Fischereiingenieur tätig war.

Quellen:

- Archiv Hans Wilhelm Blume Peitz
- Archiv Lutz Gubbatz Stradow
- Archiv Helmut Ziehe
- Zeitschrift für Binnenfischerei der DDR Juni 1984

Erklärungen:

- Politbüro der SED – Höchstes politisches Führungsgremium der Sozialistischen Einheitspartei deutschlands
- VEB – Volkseigener Betrieb
- Valuta – bei Handelsgeschäften Verrechnung in Fremdwährungen, da die DDR-Mark nicht konvertierbar war

# Spreewaldfischerei im Raum Burg

Alexander Wach

Die Fischerei im Spreewald hat eine lange Tradition, welche untrennbar mit der Besiedlung dieser gewässerreichen Niederung der Spree verbunden ist. Sie ist ein Teil der Volkskultur der hier lebenden Bevölkerung. Früher war die Fischerei wichtig für die Erweiterung des oft kargen Mittagstisches. Heute ist sie in erster Linie eine der naturnahesten Freizeitbeschäftigungen im Spreewald und die Pflege einer jahrhundertealten Tradition. Erhalten hat sich die Benutzung der ursprünglichen Fangmethoden und Fanggeräte. So verwenden die Spreewaldfischer immer noch ein- und dreiwandige Stellnetze, Zugnetze und Reusen zum Fang von Weißfisch, Hecht, Schleie, Zander, Aal und Quappe.

Wichtig in der Geschichte der Spreewaldfischerei im Raum Burg ist der Erwerb der Fischereirechte von der Staatsdomänenverwaltung des preußischen Staates in Frankfurt/Oder im April 1927. Die drei Burger Gemeinden Burg Kauper, Burg Kolonie und Burg Dorf vertreten durch die Vorsteher Heinrich Fischer, Heinrich Jedro und Wilhelm Fiedermann kauften die Fischereirechte in der Spree und ihren Nebenarmen innerhalb der Burger Gemeindegrenzen für 1.500 RM.

Nach dem Krieg bildeten sich erste Fischergruppen in Burg-Kauper und weiteren Orten. Am 23. März 1952 gründete sich in der Kolonieschänke die Gemeinschaft wendischer/sorbischer Spreewaldfischer Burg und Umgebung. Gründungsvorsitzender der Fischereigemeinschaft war der Lehrer Wilhelm Bähro, der das Ehrenamt 35 Jahre innehatte. Ihm folgte von 1987 bis 1996 Heinz Troppa. In seine Amtszeit fällt die Gründung der Gemeinschaft wendischer/sorbischer Spreewaldfischer Burg und Umgebung als eingetragener Verein (e. V.) am 30. November 1991.

Die Fischereigemeinschaft umfasst seither 17 Fischergruppen mit circa 160 Mitgliedern in den Landkreisen Spree-Neiße, Dahme-Spreewald, Oberspreewald-Lausitz und der Stadt Cottbus. Die vorhandenen Fischereirechte wer-

Abb. Kerstin Möbes

*Fischen mit dem Zugnetz, der Wade, anlässlich des Viehmarktes 2015*

Abb. Sammlung Alexander Wach

*Übersichtskarte von 1927 zu den erworbenen gewässerbezogenen Fischereirechten*

den von der Gemeinschaft gepachtet, das dadurch entstehende zusammenhängende Gebiet wird gemeinschaftlich fischereilich genutzt. Das bestehende „Küchenfischereirecht" untersagt den Verkauf und Handel mit den gefangenen Fischen, der Verein verfolgt gemeinnützige Zwecke.

Nach Heinrich Harting, der die Gemeinschaft nach 1997 vertrat, steht Siegmund Lehmann dem Verein seit 2011 vor.

An den zunehmenden jüngeren Fischern zeigt sich, dass die Tradition der Spreewaldfischerei weiter gepflegt und gelebt wird. Jährliche Besatzmaßnahmen gehören ebenso wie die Begleitung von gewässerbaulichen Maßnahmen und Naturschutzprojekten zu den aktuellen Aufgaben neben dem Fischfang.

Mehrere Vereinsmitglieder widmen sich dem Stricken von Netzen und dem Bau von traditionellen Fanggeräten und erhalten damit über Jahrhunderte weitergegebene Fertigkeiten. Im Jahr 2022 begeht die Gemeinschaft ihr 70-jähriges Bestehen.

# Wunder im Eis – Siegfried Schulz lebt

## Eine wahre Begebenheit zur Weihnachtszeit

Manfred Kliche

Es war Freitag, der 13. Dezember 2002. Siegfried Schulz aus Boblitz ging wie immer seiner Arbeit bei der Tief- und Wasserbau-Firma im gleichen Ort nach. An diesem Tag machte er etwas eher Feierabend, denn es sollte zur Weihnachtsfeier des Betriebes nach Leipe gehen.

Siegfried Schulz betrieb neben seiner beruflichen Tätigkeit noch einen landwirtschaftlichen Kleinbetrieb im Nebenerwerb. Als seine Arbeitskollegen mit dem Auto abends vorbeikamen, um ihn mit zur Weihnachtsfeier nach Leipe zu nehmen, musste er leider absagen. „Meine Kuh rindert und ich muss erst noch abwarten, bis der Besamer kommt. Ich komme nach, es wird mich schon jemand nach Leipe bringen", erklärte er.

Nachdem der Besamer seine Arbeit getan hatte, überlegte Schulz, wie er denn nun nach Leipe kommen würde. Es war schon spät und ziemlich dunkel. Da kam ihm die Idee, mit den Schlittschuhen über die Fließe nach Leipe zu fahren. Dies war der absolut kürzeste und schnellste Weg. Also packte er die guten Sachen zum Anziehen für die Weihnachtsfeier in einen Rucksack, zog sich Filzstiefel und Schlittschuhe an, nahm eine Taschenlampe und den Eishaken mit und begann seine abenteuerliche Fahrt von der Boblitzer Kahnfahrt in der Dorfmitte nach Leipe.

In der Zwischenzeit war es ganz dunkel geworden. Zunächst verlief alles reibungslos, aber dann, kurz vor Leipe, krachte es. Siegfried Schulz verlor das Gleichgewicht, die Taschenlampe knallte aufs Eis und rutschte weg, der Eispickel war auch weg und Schulz rutschte unter die Eisdecke. Er war eingebrochen, gerade an einer Stelle, von der er wusste, dass hier eine große Tiefe war.

Es musste nun schnell gehen, wollte er nicht ertrinken. Unter der Eisdecke sah er die Taschenlampe leuchten. Durch sie bekam er etwas Orientierung und quälte sich zu der Stelle, wo die Eisdecke offen war.

Panische Schrecksekunden unter dem Eis. Dann hatte er erst einmal wieder atmen können. Fast eine halbe Stunde kämpfte er, um ans Ufer zu gelangen. Stück für Stück musste er Eis abbrechen, um eine Stelle am Ufer zu erreichen, an der die Kante nicht so hoch war und er sich allmählich an Land retten konnte. Völlig erschöpft, durchnässt und unterkühlt lag er nun am Ufer. Es war bitterkalt.

Langsam quälte er sich durchs Dickicht zum Gehöft seines Arbeitskolle-

Abb.: Evelyne Lungwitz

*Spreewald im Winter, zum Eislaufen so begehrt wie tückisch*

gen Herbert Konzack. Als er in dessen Wohnung trat, versuchten Konzacks erst einmal, Schulz von seinen nassen Kleidern zu befreien. Die Schlittschuhe und die Filzstiefel waren durch den Fußmarsch in der Kälte schon mit einer dünnen Eisschicht überzogen.

Frau Konzack bereitete sofort einen kräftigen Grog, und nun saß Schulz in ein paar Sachen von Herbert am Tisch, denn seine eigene Kleidung im Rucksack war ja auch völlig durchnässt.

Immer noch unter Schock begriff er gar nicht, warum Konzacks beide plötzlich zu lachen begannen. Herbert war von großer, stattlicher Figur, dagegen war Siegfried etwas klein ... Schulz und Konzack begaben sich schließlich zum Gasthof Buchan in Leipe, wo schon die anderen Arbeitskollegen auf die beiden warteten. Als sie eintraten, plötzlich Gelächter, als sie Schulz mit den ziemlich übergroßen Sachen erblickten. „Du hast wohl heute die falschen Sachen ausgewählt?“, schallte es ihm entgegen, doch nur solange, bis sie den Grund erfahren hatten.

Erst viel später hat Siegfried Schulz begriffen, dass er beinahe sein Leben verloren hätte und ertrunken wäre. Er erinnert sich: noch nie wurde Weihnachten so ausgiebig in seiner Familie gefeiert wie im Jahr 2002. Jeder 13. Dezember, der diesem Jahr folgte, wurde wie ein Geburtstag gefeiert, schließlich konnte er aus eigener Kraft seiner Familie und dem Leben erhalten bleiben.

# Kahnstaken will gelernt sein
## Wolfgang Gahl und seine Kahnfahrschule

Marlene Jedro

„Und daß dem Netze dieser Spreekanäle
Nichts von dem Zauber von Venedig fehle,
Durchfurcht das endlos wirre Flußrevier
In seinem Boot der Spreewald-Gondolier."

(zitiert nach Aufbau Verlag, Berlin 1998)

Fasziniert verglich Theodor Fontane den Spreewald mit Venedig und die Fährmänner mit den dortigen Gondolieren. Einen davon, der diesem Vergleich standhält, allerdings ohne zu singen, besuchte ich im idyllisch gelegenen Spreewalddörfchen Lehde.

Der Inbegriff für traditionelle Bauweise, Fließe direkt vor dem Haus und einer Lebensweise, die von Letzteren bestimmt wurde und teilweise noch wird. Einer von den Lehdschen, wie sie sich selbst gern nennen, ist Wolfgang Gahl. Eine kleine Brücke führt auf einen Wiesenweg, der den Anwohnern des Dolzke-Fließes ermöglicht, von „hinten" auf ihre Gehöfte zu kommen.

Zur Winterszeit idyllisch ruhig und dazu die „vermeintliche" Abgelegenheit, das führte zu dem Entschluss, hier wohnen zu wollen. Im Sommer sieht es anders aus. Touristen suchen das Dörfchen auf, und eine Kahnfahrt ist „Programm". Ein Wunsch, der Wolfgang Gahl entgegenkam, um seine Vorstellung von einer Kahnfahrschule umzusetzen.

Sein 15-jähriges Jubiläum als „Kahnfahrlehrer" konnte er bereits im Mai 2020 begehen und so ist ein kurzer Rückblick geradezu verständlich. Mit Spreewasser getauft und das Kahnstaken in die Wiege gelegt, wuchs Wolfgang Gahl in diesem von Fontane so hochgelobten Dörfchen auf. Die Straße gab es noch nicht und so war der Kahn das einzige Fortbewegungsmittel – „von der Wiege bis zur Bahre". So erzählen die Älteren, die den Fortschritt auf vier Rädern später miterleben konnten, und schwelgen in Erinnerungen.

Wolfgang verlebte so die Kindertage, dass es schon fast normal erschien, als er sich mit Erreichen des 14. Lebensjahres am Großen Hafen in Lübbenau als Hilfsfährmann bewarb und tätig wurde. Damals war das die einzige Anlegestelle im Ort. Mit 18 Jahren wurde er Mitglied der Fährmannsgenossenschaft, bestand Ende der 1980er Jahre die inzwischen eingeführte Prüfung und führte nun „profihaft" die Gäste auf dem Wasser durch seine Heimat. Alle waren gespannt auf die Einmalig-

Abb.: Sammlung Wolfgang Gahl

*Wolfgang Gahl mit einem Kahnfahrschüler*

keit dieses Ortes. Der Preis von zwei DDR-Mark pro Person für zwei Stunden zaubert heute ein Lächeln auf sein Gesicht.

Da er Tischler gelernt hatte, führte ihn seine Tätigkeit zehn Jahre lang zum Kahnbauer Koal. Das Wissen um die Herstellung eines Kahnes kam bei den Gästen gut an. Unter ihnen waren auch immer Interessierte, die einmal selbst die Rudel in die Hand nehmen wollten. Das war ein Impuls, der dazu führte, dass er sich 2005 mit einer Kahnfahrschule selbstständig machte.

„Aller Anfang ist schwer", erzählt er, doch es hat sich gelohnt. Inzwischen sind es im Jahr 25 bis 30 Kahnfahrschüler (zum größten Teil Touristen), die bei ihm als Höhepunkt ihres Urlaubes das Staken erlernen möchten. Dass dies leichter aussieht als getan, nehmen sie als Erfahrung mit. Natürlich mit einer Urkunde und einem Foto für das Familienalbum als Bestätigung. Nach einer Dreiviertelstunde sind etwa 90 Prozent davon überzeugt, dieser Tätigkeit künftig mit Respekt begegnen und weiter üben zu wollen. Spätestens beim nächsten Aufenthalt und dem gemieteten Kahn.

Stolz ist Wolfgang Gahl aber auch auf die hiesigen Schüler, die bei ihm eine Art praktische Lehrzeit absolvieren, um sich später einer Prüfungskommission zu stellen. Eine theoretische und die praktische Prüfung sind Voraussetzung, um danach als Berufsfährmann mehr als acht Personen befördern zu dürfen.

Das liegt für Wolfgang Gahl lange zurück, aber sein Wunsch, sein Können und Wissen weiterzugeben, hat er sich erfüllt. Eine Form des Vermächtnisses, das Theodor Fontane mit seiner Schwärmerei auf den Weg gebracht hatte.

# Die Mückenphilosophie

## Schreibwettbewerb der Stadt Lübbenau 2013/14

SABINE LEHMANN

Zur Vorbereitung des Jubiläums 700 Jahre Lübbenau 2015 gehörte auch ein Literaturwettbewerb, zu dem zwischen 2012 und 2015 LübbenauerInnen jeden Alters aufgerufen waren. In der zweiten Schreibstaffel 2013/14 wurden „Lübbenauer Geschichten" gesucht. Der Fantasie sollten keine Grenzen gesetzt sein. Die Geschichten, ob Krimi, Erzählung oder Novelle, sollten regionale Elemente enthalten, einen Bezug zur „Heimat Lübbenau" aufweisen. Aus 81 TeilnehmerInnen wurden 12 PreisträgerInnen ausgewählt, drei Anerkennungen ausgesprochen und zehn Bilder der Jüngsten prämiert. Zur Jury gehörten: Rainer Schamberg (Stadt Lübbenau), Dagmar Schierack (Bibliothek Lübbenau-Vetschau), Norbert Badack (Stadtverordneter), Stefan Heinz (Museen Oberspreewald-Lausitz), Nancy Mudrick (Spreewelten), Candy Hetschel (Spreewelten), Matthias Härtig (SachsenDreyer) und Peter Lipold (Stadt Lübbenau). Die hier ausgewählte Geschichte der Teilnehmerin Sabine Lehmann erschien in dem 2015 veröffentlichten Sammelband der besten Beiträge dieses Wettbewerbs „Märchen – Geschichten – Träume". An diesen, zur jüngeren Geschichte des Spreewaldes gehörenden Literaturwettbewerb, soll damit erinnert werden.

Stog-Redaktion

Es war eng. Neugierig blickte ich mich um und war höchst erfreut, als ich den Spreewald erkannte. Schon als Larve träumte ich davon, durch unzählige Fließe schwirren zu können. Das war ich, ein Mücken-Mädchen.

Der schier endlos erscheinende Strom von Touristen war geradezu ein Festmahl, und meinem gesunden Wachstum stand nichts mehr im Wege. Ich musste mich beeilen, denn die Konkurrenz meiner Geschwister war groß. Zu Tausenden entwickelten auch sie sich prächtig und kümmerten sich alsbald um tolle Jagdreviere.

Der Frühling meinte es gut mit uns. Warmes Wetter und ab und zu ein kräftiger Regenschauer. Endlich rückten die Touristen an, schön eng zusammengekuschelt, manchmal unter einer Kunststoffplane auf dem Kahn. Somit entfiel für mich das kräftezehrende Umherfliegen, um neue Opfer zu erspähen. Ich fuhr ein Stück mit dem Kahn mit. Als Landeplatz suchte ich mir einen Adonis aus, der voller Mannesschönheit seinen freien Oberkörper auf der ersten Bank an der Kahnspitze präsentierte. Er war nett, schlug nicht gleich wild um sich, wie so mancher weibliche Gast und prahlte mit seinem Durchhaltevermögen. Er könnte mich ertragen. Ich war gnädig. Nachdem ich nicht sein schönes Gesicht zum Blutsaugen erkoren hatte, hinterließ ich meine nun doch schon bekannten Beulen nur auf seinem Waschbrettbauch. „Endlich schwillt bei mir etwas sichtbar“, frohlockte er gegenüber den mitfahrenden Gästen. Müdes Lächeln erntete er. Meine Nachfolger hatten es nicht so gut bei ihm. Da seine Tapferkeit nicht belohnt wurde, erschlug er alle meine Weggenossen.

Ich fuhr weiter mit und lauschte dem Fährmann. Man kennt sich schließlich: dreimal täglich die gleiche Route und dieselbe Textplatte. Monoton, eintönig und irgendwie lustlos raspelte er einen Spruch herunter. Auch das Mückenvolk fand einen Platz in seiner Rede. Kam die Stelle „Sie plagen mich schon, solange ich lebe“, war es für mich Zeit zum Start. Unverblümt setzte ich mich, zwar eigentlich gesättigt, nun doch wie stets auf seine Glatze und tat mein Bestes, seinen Text an dieser Stelle zu unterbrechen. Es klappte wie immer. Wild geworden durch meinen kleinen Rüsselstich, schlug er um sich, als hätte ich alle meine Geschwister mit.

Nach getaner Arbeit brachte ich mich in Sicherheit. Eine edle Dame mit Hut, wie schön, spendete dieser doch auch Schatten für mich. Immerhin

Abb.: Kopie Buchtitel, Edeltraud Radochla

sollte es laut Fährmann bis nach „Wotschofska“ gehen. Ich packte mich also gemütlich in den Schatten und lauschte dem Dialog der Dame, oder sagen wir besser: Monolog. Neben ihr der Gatte. Schweigend ertrug er das Lamentieren. Schließlich, so meinte sie, sei hier Zeit, Bilanz zu ziehen – bei einer so erholsamen Kahnfahrt zwischen Erlenwäldern und Vogelgezwitscher. Sie sei mit der Gesamtsituation unzufrieden, so ihre Einleitung. Regelmäßig klage er um 8:00 Uhr sein Frühstück ein und bringe ihren morgendlichen Ablauf durcheinander. Man sei schließlich Rentnerehepaar und könne die Früchte der Arbeit in Ruhe genießen. Nein, auch Punkt 12:00 Uhr solle der Mittagstisch zelebriert werden und zur Sportschau das

Abendmahl. So hätte sie sich das nicht gedacht. Er starrte gelangweilt ins Wasser. Offensichtlich konnte er genießen und betrachtete ihre Ausführungen eher als Untermalung der Naturgeräusche im Grünen. Es reichte, ich zog um. So schön konnte kein Schattenplatz sein, um dies länger zu ertragen.

Ich flog kurz in die Kahnmitte und genoss die Gesellschaft eines blonden Engels. Ein Mädchen, zehn Jahre alt und jetzt schon so schön, dass ich neidisch wurde. Eingeengt auf einer Dreipersonenbank wurde sie von Mama und Papa flankiert. Sie wollte die Plätze tauschen und mit den Händen im Wasser spielen. „Nichts da!", tönte der Herr Papa. Der Engelsvater entpuppte sich als wahrer Teufel. „Du klemmst dir die Finger ein." Blödmann, dachte ich, die Uferkante ist zwei Meter entfernt. Es blieb dabei, bis ich kam. Eigentlich war ich ja satt, machte mich aber dennoch daran, seinen Außenarm anzusaugen. Irgendwann reifte die Erkenntnis beim Papa, dass der Wasserkantenplatz zu mückenlastig wäre. Es kam zum Platztausch. Mein blonder Engel strahlte und ich ließ jetzt auch den Herrn Papa in Ruhe.

Zeit für ein Nickerchen. Ich blieb bei meinem blonden Engel, und ihr gleichmäßiges Fingerplatschen im Wasser entließ mich in süße Träume. Ein Mückenteenager, das wäre es doch. Bizarre Flügel, kräftige Muskeln und einen Rüssel, der ständig zum Küssen einlud ... Wir tanzen im Wasser, nehmen Platz auf den schönsten Seerosen und plaudern über die Zukunft. Dann ... Lautstark verkündete der Fährmann: „Wir sind gleich in ‚Wotschofska', auch Insel im Sumpf genannt." Na toll. „Bleiben Sie bitte solange sitzen, bis der Kahn festgemacht ist." Es war jetzt 11:45 Uhr, und meine Dame mit Hut sprang aus dem Kahn dem pünktlichen Mittagstisch entgegen. Keiner der Touris hörte dem Fährmann zu. Die Massen strömten zur Selbstbedienung, um sich in gewohnter Tradition in der Schlange anzustellen. Gelernt ist gelernt, dachte ich, und nahm Platz auf meiner Lieblingskastanie.

Müde lauschte ich dem Treiben. Vollbeladene Teller, klapperndes Besteck, ach ja und auch ein Bereich mit Kellner-Bedienung unter mir. Ein weiterer Kahn legte an. Fährmann Nummer zwei mühte sich auch vergeblich. Seine Gäste stürmten den freien Stühlen entgegen und nahmen Platz. Ich gähnte. Wieder diese Völlerei, die haben doch heute noch nichts getan.

Nachdem alle einen Platz ergattert hatten, zog endlich Ruhe ein. Nicht lange. Gleichmäßiges Klatschen drang an mein Ohr. Ich öffnete ein Auge: Ach, diese armseligen Kreaturen, sie versuchten doch ernsthaft, meine zahlreichen Verwandten zu ermorden. So was Sinnloses. Ein Blick in die Umgebung der grünen „Wotschofska" hätte genügt, bei normalem Menschenverstand ihr Vorhaben als absurd einzustufen. Sie merkten es nicht. Beim Kellner wurde Mückenspray bestellt, und ich bekam einen Lachanfall. Das hatten an-

Abb.: Bilderdienst Peter Becker

*Ansichtskarte 1910: Auf der Gorroschoa*

dere auch schon versucht, doch unsere Mutter hat uns schon immun zur Welt gebracht. Ich ließ sie also fleißig umhersprühen und genoss diese Sinnlosigkeit auf meinem Kastanienblatt.

Ich wollte doch meinem süßen Traum ein „Happy End" geben. Aber nein, der Fährmann brüllte mich wach: „Alle einsteigen bitte ..." Die letzte Dame reihte sich schnell noch in die Toilettenschlange ein und wunderte sich nicht mal über die offensichtlich gestiegenen Wasserpreise im Spreewald. Die Truppe war irgendwann vollzählig und wurde schnell abkassiert, damit Herr Fährmann später nicht seiner Kohle hinterhereilen muss.

Wir traten den Rückweg an. Gut gesättigt war endlich Ruhe auf dem Kahn. Ich machte es mir in einer Hochsteckfrisur gemütlich. Frisch gewaschen, gehörte diese einem Mütterchen, die der Natur offensichtlich viele Blickwinkel entlocken konnte. Sie wackelte nämlich pausenlos mit ihrer Haarpracht nach rechts und links, aber schön gleichmäßig ...

Ich döste vor mich hin und wollte mein „Happy End" zu Ende träumen: Ich nannte ihn Bert. Bert ist einfach traumhaft. Kunstvolle Flugeigenschaften haben mich aufmerksam gemacht. Geschickt weicht er jedem Angriff der Touris aus und lacht jedes Mal verschmitzt über seine gelungenen Attacken. Er nimmt mich nachts bei der Hand und fliegt in Richtung Sterne, auch wenn es nur Glühwürmchen sind. Bert zeigt mir auch, wie man einen ganzen Kahn systematisch zum Kentern bringen kann: Man beginnt rechts außen, alle Touristen zu piecksen. Wenn die dann anfangen, gleichmäßig und viel zu kraftvoll zuzuschlagen, beginnt ein gleichmäßiges Schaukeln. Wir lassen nicht locker. Endlich sind alle übrigen Insassen so weit, uns und unsere Geschwister fangen zu wollen. Der Fährmann kann nur noch warnen, aber es ist zu spät. Der Kahn kippt und weckt an der Uferkante noch die letzten trägen Mücken, vor denen jetzt ein Festschmaus zappelt. Bert hat keine Skrupel. Er ist es auch, der sich ungeniert auf die Wange des Fährmannes setzt und rechtzeitig startet, als dieser sich selbst ohrfeigt …

Zwischenstopp, wir sind in Lehde angekommen, am „Fröhlichen Hecht" – wieder nichts mit meinem „Happy End". Wohlsortiert reihten sich die Ladys vor dem Toilettentrakt. Hier war Einlasskontrolle. Ich flog auf die Terrasse, hier war mein Lieblingsplatz. Der Blick schweifte zum Museum. Ganz in der Nähe wurde ich geboren. „Goroschoa" hieß das Fließ, welches meine Eltern wegen der schönen Lage und der zahlreichen Touristen auserkoren hatten – als Nahrungspool für uns 1.500 Geschwister. „Zehn Minuten Aufenthalt!", brüllte der Fährmann. Wie soll das denn gehen? Die Ladys standen schön aufgereiht und noch war nichts verzehrt. Kann der keine Rücksicht nehmen? Auch der Kneiper will leben! Essen, Trinken, Pinkeln. Gnädig verlängerte er den Aufenthalt auf 20 Minuten. Das Museum musste ausfallen. Keine Zeit. Ich hatte es aufgegeben, bei diesem Kurzstopp meinen Traum weiter zu träumen. Also wieder alle einsortieren und weiter ging 's.

Durch Lehde – der schönste Teil dieser Tour. Vorbei an Greiners Gehöft und bei Konzack, dessen Kinder bei so viel Spreewasser alle ein stattliches Gardemaß erreichten. Dann vorbei bei Hermann Pschipsch, ein Urgestein des Dorfes. Sein Leben war Lehde. Jahrelang lenkte er mit viel Geschick und menschlichem Gespür jedes Temperament im Dorf. Dann das „Café Venedig" und das „Gasthaus Kaupen", fruchtbarer Boden und sehr romantisch. Muss ich mir merken, leider schon mit zahleichen Bienenvölkern besetzt. Ich hatte ja noch nicht einmal Bert …

So langsam wurden die Touris munter. Der Hafen von Lübbenau kam in Sicht und die Ersten schauten auf die Uhr. Ob die Parkzeit abgelaufen war? Schade, ein Blick auf die schöne Orangerie entging ihnen. Mögen sie dennoch die einmalige Landschaft in Erinnerung behalten. Auch für mich wurde es Zeit, mir einen neuen Kahn zu suchen.

Zunächst nahm ich Platz auf dem Geländer der Brücke, um die Lage zu sondieren. Und dann sah ich IHN. Ein Traum? Oder Wirklichkeit? Bert saß neben mir. Sein Dackelblick sagte mir sofort, dass es Zeit wird, gemeinsam in die „Goroschoa" zu starten, um eine Familie zu gründen. Natürlich nur, um den Spreewald im Gleichgewicht zu halten: auf einen Besucher mindestens zehn Mücken.

## Bilderrätsel

Unter den Zuschriften für diese *Stog*-Ausgabe befand sich auch diese kleine Kuriosität, die uns aus Vetschau erreichte. Sehen Sie selbst.

*Stog-Redaktion*

Abb.: Sammlung Christine Kohlstock

Aus der Gegend um Vetschau stammt dieses interessante Postkartenmotiv. Wer weiß etwas über den Ursprung? Was war der Anlass, dass die Männer sich in so kostbarer wendischer Frauenkleidung haben ablichten lassen? War es ein Verein, der Weiberfastnacht feiern wollte? Hatte man sich zum Zampern fein gemacht? Kann jemand dazu eine Geschichte erzählen? In welchem Ort könnte das fotografiert worden sein?

*Christine Kohlstock*

# Die „Leine-Weber-Fabrique“ in Burg

## Zur Geschichte der Leineweberei im Spreewald

Rolf Radochla

Vor 250 Jahren bildete die Burger Gemarkungsgrenze in Richtung Vetschau und zu Lübbenau auch die Grenze zwischen dem preußischen und dem sächsischen Teil der Niederlausitz, und somit sahen sich die jeweils Diesseitigen und die hinter der Grenze Jenseitigen gegenseitig als „Ausländer“ an. Die Armeen der Herrscher links und rechts der Grenze führten Kriege gegeneinander, wie jene vom „Alten Fritz“ angezettelten Schlesischen Kriege im 18. Jahrhundert. Soldaten brauchten Uniformen, in denen sie sich dann „würdig“ konnten totschießen lassen. Die derben Stoffe dazu machten die Leineweber, von denen es in Guben und Forst viele gab und die auch in Vetschau einen beträchtlichen Teil der Wirtschaft ausmachten. Da die Preußen nun aber im Krieg kein Leinentuch aus dem sächsischen Vetschau mehr einkaufen wollten, gerieten die dortigen Leineweber in die Misere. Vielleicht ließen sie sich deshalb verlocken, nun in der „Leine-Weber-Fabrique“ im preußischen Dorf Burg weiter zu weben.

Die Idee dazu, Auslandsweber nach Burg zu ziehen, soll wieder einmal der „Alte Fritz“ gehabt haben – was nicht belegt ist. Dennoch gab es den Plan, in der Burger Gemeinde-Hutung Wohnungen für angeworbene Garnweber auf Staatskosten zu errichten und dieses Gewerbe dort anzusiedeln und zu beleben.

Noch ehe das Projekt jedoch zur Ausführung kam, bot sich der Pächter des Cottbuser Domainen-Amtes, ein gewisser Jagdrat Crüger, an, „die Erbauung der Wohnungen und die Besetzung derselben mit Garnwebern auf seine alleinigen Kosten übernehmen“[1] zu wollen. Dieses Engagement wurde allerhöchstens am 20. Oktober 1748 genehmigt, und Krüger ließ die 18 Garnweberwohnungen entlang der heutigen Burger Hauptstraße errichten und besetzte diese mit vorwiegend aus Vetschau zugezogenen Leinenwebern. Später wurde gemäß des zuvor abgegebenen Verlockungsangebotes je eine Wiese von vier Morgen Fläche, in einem Falle sechs Morgen, aus dem Königlichen Forst dazu gegeben. Die Nutzung der Häuser war abgabenfrei.

Als Gegenleistung hatten die Weber Leinenstoffe zu produzieren, deren Muster und Qualität zuvor per Probe genehmigt wurde. Die angesiedelten

1) BLHA Rep. 3B Reg F/O, Abt I. Nr. 826. Garnweberkolonie in Burg. Zitiert nach: Anschreiben K. A. Borsche an Excellenz von Alvensleben, Berlin, vom 28. 4. 1840

Weber waren also zu der Zeit keine freien Selbstständigen, auch wenn der Webstuhl als Arbeitsgerät in dem Haus stand, das dem Weber zugewiesen worden war. Sie waren Produzenten einer Tuch-Manufaktur, die man hier „Leine-Weber-Fabrique" zu Burg nannte. Verlag und Handlung der produzierten Stoffe lag in den Händen der Fabrique-Leitung. Das ähnelt so etwa dem, was man heute wieder als „home-office" einzuführen begonnen hat.

Jagdrat Crüger verkaufte 18 Jahre später, am 26. Juni 1765, die ganze Anlage für 1.300 Reichstaler an einen Kaufmann Richter aus Berlin. Eine der folgenreichsten Klauseln dieses Verkaufskontraktes bestand darin, dass jeder Nachfolger, der in ein Leineweberhaus einziehen wolle, ebenfalls das Leineweberhandwerk zu den in Burg herrschenden Bedingungen betreiben müsste. Auch gab es wohl in den 1770/71er Jahren Verhandlungen zwischen den Webern und dem Fabrique-Herrn Richter über eine Erbverschreibung von Leineweberhaus und Wiesengrundstück. Doch waren diese wahrscheinlich noch nicht zum Ende gekommen, als Richter starb. Schließlich lesen wir in den Akten danach von den „Kaufmann Richters Erben" und von „obwaltenden Irrungen"[2] (Auseinandersetzungen) zwischen den Erben und den Garnwebern „betreffend einer Erbverschreibung über die Wohnung und den Wiesenwachs". 1779 endlich

*Holzmodell der Weber-Fabrique von Alfred Markus, Heimatstube Burg*

war es dann soweit, der Vertrag vom 26. April 1779 machte die Weber, ihre Kinder und Nachfolger zu Eigentümern von Haus, Hof und Wiese.

Die 18 neuen Eigentümer waren damals: Johann Gottfried Mahling, Christoph Brendel, Johann Gottlob Neumann, Johann Christian Lehmann, Johann Christian Förster, Johann Friedrich Schimentz senior, Johann Friedrich Schimentz junior, Johann Schreiber junior, Johann Christian Müller, Martin Schmogrow, Johann Christoph Blume junior, Johann Gottfried Zinnert, Johann Gottlieb Jangk, Johann Gottfried Hertzog, Christian Schreiber, Johann Christoph Müller, Johann Christoph Blume senior und Johann George Arndt's Witwe Anna Sophie, geb. Zinnertin, und Erben.[3]

Doch wurde man durch diesen Vertrag noch immer nicht zum freien bürgerlichen Handwerker. Die Richter'schen Erben – seine nun wieder verheiratete Witwe und ihr neuer Ehemann Kaufmann Schlüssler – banden die Weber weiter durch Vertragsklauseln an sich. So waren jährlich zwei Ta-

2) BLHA Rep. 2 Reg F/O, Nr. D 7220. Bescheid. Protocollum vom 22. April 1777

3) Ebenda. Abschrift der Erbverschreibung vom 26. Juni 1779

ler Zins pro Haus an sie zu entrichten. Die Leineweber sollten ausschließlich nur für die Fabrique-Inhaber arbeiten und eine Leinwand liefern, die „nach denen abgegebenen Proben gut, richtig und schaumäßig" war. Dafür sollten sie „den Preis wie selbige das Gewerk zu Cottbus bezahlet" bekommen. Andererseits entledigten sich die Kaufmann-Richter'schen Erben ihrer Hauseigentümerpflicht. Die Weber hatten ab sofort Gebäude und Grundstück aus eigenen Mitteln in „baulichen Würden und gutem Stande" zu erhalten. Sie durften nun auch Haus und Grundstück verkaufen, verpachten und beleihen – jedoch war jedes Mal dafür die Genehmigung der Kaufmann-Richter'schen Erben einzuholen.

Inwieweit diese Bestimmungen in der Folge stets umgesetzt wurden, entzieht sich der genaueren Untersuchung. Auf alle Fälle kümmerten sich die späteren Richter'schen Erben wohl nicht mehr so richtig darum, und die Weber und ihre Nachfolger wurden mehr und mehr zu freien Gewerbetreibenden.

Die Burger Weberei blühte auf. 100 Jahre nach der Ansetzung der Weber gab es in Burg über 50 Weber, die den Meistertitel trugen und ein reges Innungsleben führten.

Als 1840 Anna Elisabeth Kittelmann, geb. Klausch, ihr Garnweberetablissement (wie man damals sagte) an einen Schneider Kokowa verkaufen wollte, gab es Schwierigkeiten wegen der im Grundbuch eingetragen Beschränkung, dass nach dem 1765er Vertrag die Webergrundstücke nur von Webern besetzt sein durften. Das Landgericht verlangte vor der Umschreibung die Löschung dieser Beschränkung. Das Rentamt in Cottbus erwirkte daraufhin von der königlichen Regierung in Frankfurt a. O. eine Löschungsgenehmigung mit den Worten: „Bei den jetzt gegen früher ganz veränderten Zeitverhältnissen, und da es jetzt an Garnwebern überall, namentlich in Burg, nicht fehlt, sondern Überfluss daran ist, dürfte der Konsenserteilung auch ein Bedenken nicht entgegengesetzt sein."[4]

Und der Höhepunkt der Weberseligkeit in Burg war erreicht. Bis zum April 1850. Wind und Funkenflug taten das ihre und innerhalb weniger Stunden lagen die Existenzgrundlagen der 18 Weberfamilien in Schutt und Asche. Auf der Fläche entstanden neue Wohn- und Wirtschaftsgebäude. Einige verdingten sich als Mieter im Dorf.

Die Burger Weberinnung mit inzwischen mehr als 50 Webermeistern bestand zwar weiter, doch wurde das Gewerk in Burg allmählich zu einem Jahrzehnte dauernden Siechenfall, als man der in Cottbus, Guben und vor allem in Forst entstandenen industriellen, modernen Konkurrenz in Menge und Preis immer mehr und hoffnungsloser unterlegen war. Die Innung wurde 1889 endgültig aufgelöst.[5]

4) Ebenda; Schreiben des Rentamtes Cottbus an die Regierung in Frankfurt/O vom 2. März 1840

5) Vgl.: Erika Rauprecht: Die neuen Dörfer der Preußenkönige, S. 20–23

## Ruhe

Motorenlärm hier auf den Straßen,
Hupen, Klingeln und Geschrei,
das plagt uns täglich gleichermaßen.
Du denkst, das wär dir einerlei?

Dann quietschen Bremsen irgendwo,
ein Presslufthammer tuckert laut,
Musik, die dudelt sowieso,
das geht so lang, bis es dir graut.

Es schmerzt so langsam dir der Kopf.
Du sehnst dich sehr nach etwas Ruhe,
bedauerst dich als armer Tropf.
Möchst dich verkriechen in der Truhe.

Da hängt ein Schild dir vor der Nase
und „Raum der Stille“ steht darauf.
Es gibt also doch ’ne Oase
und machst ganz schnell die Türe auf.

Doch zu still ist es hier dir bald
und du verlässt ganz schnell den Raum.
Du läufst und läufst bis in den Wald,
setzt dich dann nieder an ’nem Baum.

Schließt nun die Augen, streckst die Glieder
und dann bist du doch sehr erstaunt
weil du nach langer Zeit mal wieder
hörst, was ein Baum dir zugeraunt.

Der Wind streicht wispernd durch das Gras.
Es summt und brummt die Käferschar.
Der Himmel leuchtet wie Topas,
so herrlich es schon lang nicht war.

Und endlich kehrt die Ruhe ein,
wie friedvoll wirkt die ganze Welt.
Du läufst recht fröhlich querfeldein,
dein Glück ist wiederhergestellt.

*Ingrid Groschke*

Abb.: Ingrid Groschke

# Andreas Schenker – musikalisches Urgestein

## Tierfreund, Mechaniker, Musiker

Evelyne Lungwitz

Der Spreewälder Andreas Schenker schafft es schon seit vielen Jahren, sich musikalisch und als guter Sänger zu behaupten. Im Februar 1960 wurde er in Lübbenau geboren. Als Kind ein großer Natur- und Tierfreund, wollte er im Tierpark einmal Zootechniker werden. Oft kommt es aber anders, als man denkt. Schon als achtjähriger Junge begann er seine musikalische Laufbahn. Er lernte 1968 bis 1975 im Lübbenauer FDJ- und Pionierorchester bei Fritz Drescher die Instrumente Klarinette und Saxophon zu spielen. Autodidaktisch erlernte er dazu Gitarre und Keyboard.

1976 begann er im Braunkohlen-Werk (BKW) „Jugend" seine Lehre als Instandhaltungsmechaniker. Auch in dieser Zeit war er musikalisch mit seiner Gitarre unterwegs. In der damals bekannten Band „Zündholz" spielte und sang er ab 1979 sehr gern mit. Schon bald wurde er unverzichtbarer Frontmann. Die fünf Musiker der Band schaffte es in die musikalische Sonderklasse. Diese Leistung war die höchste Amateureinstufung.

Besonders als Sänger zeichnete sich Andreas aus. Er wurde vom Bezirks-Kulturkabinett im Fach Gesang gefördert. Sein größter Wunsch war es, ein guter Berufsmusiker zu werden. Von 1984 bis 1989 absolvierte er deshalb im Cottbuser Konservatorium in der Profiklasse die Ausbildung als Sänger und bestand diese mit der Note „Sehr gut". Nun bekam er den Berufsausweis als Kapellensänger. Aber das reichte dem jungen und ehrgeizigen Musiker und Sänger nicht.

Sein nächstes Ziel: Er wollte sich bei der Konzert- und Gastspiel-Direktion Cottbus als Nachwuchsfördersänger vorstellen. 1985 verabschiedete er sich von „Zündholz", um bei der Band „Report Cottbus" als Sänger einzusteigen. Es war ein kurzes Gastspiel, denn schon bald löste sich die Gruppe auf und ging auseinander. Bei der Band „Plattform" fand er neue Arbeit als Sänger. Wie es das Schicksal wollte, auch hier blieb er nicht lange. Ein anderes verlockendes Angebot konnte er nicht ablehnen.

Die damals sehr bekannte DDR-Rockband BERLUC wollte ihn unbedingt als Sänger engagieren. Er sagte sofort zu und wusste schon bald, es war die richtige Entscheidung. Mit dieser Band bekam er viel von der Welt zu sehen. Es ging bis nach Riga in Lettland. Hier traten sie vor etwa 6.000 Zuschauern auf. Das nächste Ziel war Prag. Von der Konzert- und Gastspiel-Direktion

Abb.: Evelyne Lungwitz

kam dann das Angebot, in Dresden beim Nachwuchsfestival „Goldener Rathausmann" aufzutreten.

In dieser Zeit erhielt er seinen staatlich geprüften Solistenausweis als Sänger. Bei dieser Bewertung hatte die bekannte Sängerin Dagmar Frederic in der Jury den Vorsitz. Er bekam die dritthöchste Einstufung als Sänger. Und wieder hatte der zielstrebige Musiker ein Ziel erreicht. Beim Schlagerfestival in Dresden 1989 kam er als einziger Mann unter die besten fünf Sänger und Sängerinnen. Vor dem Endausscheid hatte er jedoch eine schwere Entscheidung zu treffen. Seine Band

BERLUC hatte zur gleichen Zeit die Möglichkeit, in Westdeutschland aufzutreten. Es würde seine erste Reise in den Westen sein und die Mauer stand noch. Es sollte nach Hamburg, Stuttgart, Wolfenbüttel und Kiel gehen. Andreas Schenker entschied sich, seine Band zu begleiten, in der er noch bis 1993 tätig war.

Zwei Monate später, am 9. November 1989, fiel dann die Mauer zwischen Ost und West.

Seit 1993 ist Andreas Schenker als Alleinunterhalter erfolgreich unterwegs. Er traf in seinem bewegten Musikerleben viel nette, erfolgreiche und bekannte Menschen, darunter viele Künstlerkollegen. Er selbst ist sehr bodenständig, sympathisch, heimatverbunden und bleibt immer auf dem Teppich des Möglichen. Seine Erfolge sind ihm nicht zu Kopf gestiegen.

Auch für den musikalischen Nachwuchs nahm er sich Zeit, denn etwa ab 1995 war er zum Beispiel in Cottbus, Lübben und in Lübbenau als Gesangslehrer tätig.

Mit dem Glück des Tüchtigen lernte er 1995 den bekannten und erfolgreichen Künstler-Manager Siegfried Wozny kennen. Der erkannte das Talent des Musikers und half ihm beruflich weiter. Schenker arbeitete zehn Jahre mit der Plattenfirma „Karat Record" zusammen. Seine erste CD „Du bist all die Sünden wert" erschien im Jahr 1996. Mit diesem erfolgreichen Song schaffte er es sogar, auf zwei großen CD-Samplern präsent zu sein. Bisher komponierte er mehr als 40 Titel. Mit der Komposition „Wie Magie" hatte er Fernsehauftritte im MDR, mit dem Titel „Nix ist unmöglich" war er 1999 bei Stephan Raab. Weitere Auftritte im Rundfunk und im Fernsehen folgten.

Bei Kreuzfahrtschiffsreisen auf Donau, Rhein und Havel fand er inzwischen ein dankbares Publikum. Ein besonderes Erlebnis war für ihn eine Asienrundfahrt mit der MS „Europa". Für dieses Fünf-Sterne-Kreuzfahrtschiff wurde er 2009 von der Konzertagentur engagiert. Er erfreute zehn Wochen lang die Passagiere künstlerisch und bereiste 18 Länder.

Für seine bisherigen musikalischen Leistungen erhielt er zahlreiche Auszeichnungen. Oft belegte er vordere Plätze in Hit-Paraden und errang viermal Internet-Gold. Überrascht wurde er zu seinem 25. Bühnenjubiläum von der Deutschen Diskjockey-Organisation mit Internet-Gold für „Nacht aller Engel".

Seiner Heimatstadt Lübbenau blieb er in all dieser Zeit treu. Die erste Spreewald-CD „Kahn der fröhlichen Leute" war ein voller Erfolg und weitere Spreewaldlieder aus seiner Feder sind „Ohrwürmer" geworden. Ein Muss ist es für den Künstler, das jährliche Lübbenauer Spreewald- und Schützenfest musikalisch zu bereichern.

Das schönste Fest im Jahr ist ihm besonders wichtig, denn zum Weihnachtsfest tritt er alljährlich als einziger singender Weihnachtsmann auf. Es war seine Idee.

# Der Maler Christian Gottlob Hammer

## Ein Dresdener Maler im Spreewald

Peter Becker

Den Spreewald in der Vor-Fotografiezeit so zu zeigen, wie er wirklich war, war letztlich nur Malern möglich. Vorausgesetzt, sie pflegten einen dokumentarischen Stil und verzichteten auf künstlerisch-verfremdende Elemente. Und sie waren auch wirklich vor Ort und ließen sich nicht nur auf Erzählungen ein.

Einer derjenigen Maler, die in diesem Sinne als Zeitzeugen herangezogen werden können, war Christian Gottlob Hammer. Er wurde 1779 in Dresden geboren und begann frühzeitig zu malen, seine Werke beeindruckten Künstlerkollegen wie Kunstinteressierte gleichermaßen. Zu Letzteren zählte die junge Gemahlin des Grafen Rochus August zu Lynar, Auguste Charlotte geb. von Schönberg, die auf Gut Hermsdorf bei Dresden lebte. Sie war begeistert vom Malstil des gerade 21-jährigen Künstlers, sein biederer, gerader Sinn gefiel ihr. Sie sammelte eifrig seine Arbeiten, gab ihm Aufträge, zeichnete selbst unter seiner Anleitung und ließ auch später von ihm ihre Tochter Nathalie aus ihrer zweiten Ehe mit dem Grafen Kielmannsegge in dieser Kunst unterrichten.

Abb.: Bilderdienst Peter Becker

Hammer und die Gräfin sollen sehr vertraut miteinander gewesen sein. Dem Maler gefiel die schöne, wenn auch etwas exzentrische junge Frau, wie aus Tagebuchaufzeichnungen hervorgeht. Ihr Sohn Hermann Rochus zu Lynar übernahm 1817 die Standesherrschaft Lübbenau, er war es wohl auch, der den Maler in den Spreewald einlud. Hammer ist es zu verdanken, dass es eine Ansicht des Lübbenauer Schlosses vor seinem Umbau gibt. In seinem Aquarell von 1819 ist das alte Renaissance-Schloss als Wasserschloss mit Festungsgraben zu sehen.

Abb.: Bilderdienst Peter Becker

*Schloss Lübbenau 1819*

Christian Gottlob Hammer weilte noch mehrmals im Spreewald, so 1834, als er das Jagdschloss Groß Beuchow malte. Ihn beeindruckte das Leben der wendischen Bevölkerung, welches er in seinen Werken niederlegte. Um 1850 und inzwischen über 70-jährig weilte er noch einmal im Spreewald. Besonders die Details in seinen Werken sind für die Nachwelt interessant, wie etwa die Kleidung der Bewohner, die Wohn- und Siedlungsformen im Spreewald oder die Bauform der Kähne.

Abb.: Bilderdienst Peter Becker

*Jagdschloss Groß Beuchow 1834*

Gerade über deren Darstellung wird in Fachkreisen diskutiert: Es ist überliefert, dass erst 1850 die ersten Bohlenkähne gebaut wurden, vorher waren Einbäume das alleinige Transportmittel auf dem Wasser. Hammer malte seine Spreewaldszenen etwa zur gleichen Zeit (auf den Bildern ist 1851 vermerkt), seine „Kähne" sind aber voller Ebenmaß, schwungvoll geformt und ähneln den etwas plumpen Einbäumen kaum. Entweder wurden die ersten Bohlenkähne noch viel früher gebaut (wozu der Autor dieser Zeilen neigt) oder dem Künstler kam es an dieser Stelle nicht so sehr aufs Detail an –

*„Im Spreewald" (Ausschnitt) Aquarell 1851, Wendisches Museum Cottbus*

mögen spätere Forschungen ihr Urteil fällen!

Zu Hammers Maltechnik ist überliefert, dass er zuerst Skizzen anfertigte, die er dann im Atelier mit Farben ergänzte. Seine Spreewaldwerke lassen sich wie folgt zusammenfassen:

Es entstanden Zeichnungen vom Löwentor zum Erbbegräbnis, vom Erbbegräbnis im Innern und vom Schloss von der Gartenseite sowie sechs weitere Schloss- und Parkansichten aus Lübbenau. Etwa die Hälfte der insgesamt 44 Stücke ist datiert. Bis auf sechs Zeichnungen aus dem Jahr 1850 handelt es sich um Aquarelle im Kleinformat von etwa 31 mal 22 Zentimetern, nur das „Forsthaus Eiche" und der „Blick vom Schloss auf die Orangerie" sind erheblich größer.

Von Bedeutung sind die eigentlichen Spreewaldlandschaftsbilder aus der Lübbenauer Umgebung wie Blick vom Fließ auf die Stadtkirche, Eingang nach Lehde, Wotschofska, Forsthaus Eiche sowie Fensterausblicke von beiden Etablissements und weniger örtlich genau zu bestimmenden Partien.

Zu einer dritten Gruppe gehören die

*Schloss Seese 1819*

Abb.: Bilderdienst Peter Becker

*Schloss Lübbenau, Orangerie 1850 (erbaut 1820)*

Ansichten vom Schlosse Seese und vom Jagdhaus Groß Beuchow (1834), den beliebten Aufenthaltsorten der gräflichen Familie, von der Kirche in Groß Lübbenau und vom Ragower Weinberg.

Neben zart und weich getönten Bildern gibt es auch stärker akzentuierte, auf denen Licht und Schatten mehr zur Geltung gebracht sind. In solchen, wie zum Beispiel im „Forsthaus Eiche", findet Hammer wohl den Weg aus dem mehr Handwerksmäßigen ins Künstlerische. Ist er im rein Landschaftlichen wie auch im Architektonischen insgesamt glücklich, so kann dies von der „Staffage", die er mehr oder weniger aus freier Erfindung auf allen Ansichten anbringt, nicht in gleichem Maße gelten. Die Personen wie Kahnfahrende, Landleute, Jäger und Bauern sind etwas „unlebendig", schematisch dargestellt, wie seine Kritiker sagen.

Christian Gottlob Hammer starb am 7. Februar 1864 in Dresden. Er war Professor und Mitglied der Kunstakademie und traf im Künstlerkreis der „Dresdener Romantiker" mit Caspar David Friedrich zusammen. Johann Wolfgang von Goethe zählte zu den Bewunderern des Reisemalers. Hammers Werke sind unter anderem im Besitz der gräflichen Familie zu Lynar, im Wendischen Museum Cottbus und im Spreewaldmuseum Lübbenau.

Quellen:

- Mein Dank geht an Hans-Joachim Nemitz (Arbeitsgruppe Stadtgeschichte Lübbenau)
- „Im Labyrinth der Spreekanäle" – aus einer privaten Kunstsammlung Cottbus, Galerie im Großenhainer Bahnhof 2020

Abb.: Bilderdienst Peter Becker

*Schloss und Kirche Groß Lübbenau 1834*

# Zur Wasserregulierung im Oberspreewald

## Von den Anfängen wasserwirtschaftlicher Planungen (1830–1930)

ALEXANDER WACH

Die Klagen über die mangelhaften Wasserverhältnisse des Spreewaldes sind schon so alt wie die Landwirtschaft selbst", schrieb Guido Matschenz in seiner Dissertation über die Situation des Spreewaldes im Jahr 1926 (Matschenz). Die Abflussverhältnisse der Spree hatten das Leben in der Niederung von jeher fest im Griff. Hoch- und Niedrigwassersituationen bedrohten nahezu jährlich die Ernten im Spreewald und bestimmten seit der Besiedlung die wirtschaftliche Situation der Kleinbauern.

Mit der Errichtung von Talsperren im Oberlauf der Spree, Umflutersystemen und einer großen Anzahl von wasserbaulichen Anlagen ergeben sich heute umfangreiche wasserwirtschaftliche Steuerungsmöglichkeiten, die zu einer Vergleichmäßigung der Wasserführung im Spreewald geführt haben.

Der Betrieb von Wassermühlen führte bereits im 18. Jahrhundert zu ersten Eingriffen in das Gewässersystem (Köhler). Der Etablierung umfassender wasserwirtschaftlicher Maßnahmen ging ein teils langatmiger Entwicklungsprozess voraus, dessen Wurzeln weit zurückreichen. Im Folgenden sollen die anfänglichen Schritte dieser Entwicklung näher dargestellt werden.

### 1830 bis 1900

In den 1830er Jahren gab es im Spreewald erste Untersuchungen seitens der preußischen und sächsischen Regierung zur Regulierung der Wasserverhältnisse. In diesem Zusammenhang wurden durch den Geometer Strache zwischen 1835 und 1838 erste Kartenwerke und Pläne zur Abflusssituation im Spreewald angefertigt (Matschenz).

Nach schweren Hochwässern zur Mitte des 19. Jahrhunderts verstärkten sich die Forderungen der Anrainergemeinden nach umfassenden Maßnahmen zur Abflussregulierung in der Niederung. In Folge dessen gab es 1859/60 umfangreiche Untersuchungen zur Ableitung von Hochwässern. Diese wurden durch den geheimen Regierungs- und Baurat Philippi durchgeführt und zeigen im Ergebnis zwei Varianten zur Hochwasserableitung auf:

Variante I sieht den Bau eines eingedeichten Kanals durch den Oberspreewald selbst vor. Variante II sieht schon die Anlage eines Umflutkanals vor, welcher Hochwässer um den Spreewald herum in Richtung Schwielochsee abführt (Kals). Die philippisch'en Meliorationspläne scheiterte an den Kosten von 380.000 beziehungsweise 660.000 Talern sowie an der Befürchtung der

Abb.: Sammlung Alexander Wach

*Wassermühlen forderten die ersten wasserbaulichen Maßnahmen im Spreewald, Straupitzer Buschmühle an der Straupitzer Mühlspree vor 1927*

Gemeinden, dass dem Spreewald zu viel Wasser verloren geht, worauf die Beratungen 1863 eingestellt wurden (Matschenz).

Bei einer Bereisung der Niederung durch den Oberpräsidenten sowie Vertreter des Landwirtschaftsministeriums im Jahr 1864 wurden die Pläne doch einer eingehenden Prüfung unterzogen sowie die ausschlaggebenden Grundstückseigentümer angehört. Im Resultat ergab sich die Forderung nach Erarbeitung neuer, präzisierter Grundsätze für eine wirtschaftliche Melioration. Die daraufhin im Jahr 1866 durch den Wasserbaumeister Klehmet erarbeiteten Regulierungspläne legten das Hauptaugenmerk auf die Abführung der wirtschaftlich besonders schädlichen Sommerhochwässer. Die Winterhochwässer sollten ihre vermeintlich düngende Wirkung weiter entfalten können (Matschenz).

Um mit der Absenkung des Wasserstandes die Wiesenwirtschaft sowie den Mühlenbetrieb nicht zu gefährden, sah die Planung schon die Anlage von Schleusen vor. Die neuen Pläne fanden Zustimmung, scheiterten in ihrer Gesamtheit jedoch, als Zweifel an der Erreichung der Ziele aufkamen (Kals; Koehler).

Zur Förderung der Meliorationsprojekte erfolgte 1869 eine erneute Bereisung der Niederung im Auftrag des Landwirtschaftsministeriums. Mit der Erkenntnis, die Datenerhebung zu wasserwirtschaftlichen Kenngrößen, wie Wasserstände, Abflüsse und so weiter ausbauen zu müssen, um Meliorationsmaßnahmen eingehender untersetzen zu können, wurde das Pegelnetz erweitert (Koehler). Unter dieser Maßgabe erfolgte 1870 die Anbringung von Pegeln am Forsthaus Eiche, in Leipe und der Lübbener Mühle. Am 1. November 1870 begannen die täglichen Pegelbeobachtungen und Aufzeichnungen (Köhler).

Auf der verbesserten Datengrundlage erfolgten 1871/72 Berechnungen: „... der bei den verschiedenen Wasserhöhen in den Spreewald gelangenden, sich dort vertheilenden und durch die einzelnen Wasserläufe fortzuleitenden, Wassermengen.", durch den Regierungsbaumeister Exner (Koehler).

Exner forderte den umfangreichen Ausbau der Hauptfließe im Ober- und Unterspreewald zur schadlosen Abführung der Sommerhochwässer. Nach einer eingehenden Prüfung der Arbeiten von Klehmet und Exner durch die Regierung erfolgte deren öffentliche Vorstellung in den betreffenden Gemeinden. Die darauf durch die Regierung gegebene Mitteilung hielt 1874 keine Überraschung bereit: „Solange die Gemeinden sich nicht äußerten, welche Meliorationen sie nun eigentlich wollten, könne sie ein zwingendes

Abb.: Sammlung Ingmar Steffen

*Heinrich Steffen 19. Dezember 1899: Die Spreevereinigungsarbeiter bei Arbeiten im Gewässerbett der Mutnitza vor dem Forsthaus Eiche*

Bedürfnis zu einer Regulierung der Wasserverhältnisse nicht anerkennen." (Matschenz)

In den 1870er Jahren führten Maßnahmen oberhalb des Spreewaldes zu einer weiteren Verschärfung der Situation. Die Begradigung der Spree zwischen Spremberg und Cottbus sowie zwischen Dissen und Werben reduzierte die Laufzeit des Hochwasserscheitels zwischen Cottbus und Burg von ehemals vier auf einen Tag.

Am 1. April 1879 lehnte Burg die Beitrittsaufforderung zur neu gegründeten Wasser-Genossenschaft Lübbenau ab. Durch die geforderten Gewässerbegradigungen und -tieferlegungen im Lübbenauer Raum fürchteten die Burger Wasserdefizite und fallende Grundwasserstände in ihren Gemeinden. Diese forderten am 28. Januar 1883 in einer Petition an die Regierung die regelmäßige Räumung der versandeten Fließe sowie die Umsetzung des philippisch'en Umflutkanals.

Ein im selben Jahr eintretendes starkes Sommerhochwasser veranlasste die Regierung erneut zur Prüfung der wasserwirtschaftlichen Situation durch den königlichen Meliorations-Bauinspektor für die Provinz Brandenburg Koehler (Koehler; Matschenz). Die im Jahr 1885 vorliegenden Ergebnisse beinhalteten folgende Verbesserungsvorschläge:

I. Bau eines Hochflutkanals ohne Deiche durch den Spreewald zur unschädlichen Abführung der Sommer- und Frühjahrshochwässer.

II. Geeigneter Ausbau, Regulierung der Gewässer sowie Erweiterung ihrer Profile und Flutschleusen zur Schadensvermeidung bei Sommerhochwasser.

III. Der Bau eines seitlich abzweigenden Umflutkanals zur Abführung der Sommerhochwässer und Teilen des Winterhochwassers.

Im Ergebnis wurde der Umflutkanal von Höhe Fehrow nach Zaue am Schwielochsee als wichtigste Maßnahme vorangestellt. Der Kanal sollte 32,2 Kilometer lang sein, ein Generalgefälle von 0,4 Promille aufweisen und einen Abfluss von 96 Kubikmeter pro Sekunde bei einem Freibord von zwei Fuß (0,63 Meter) unschädlich abführen können. Das entsprach der Hälfte des bis dahin höchsten gemessenen Hochwasserabflusses im Sommer 1854. Der Umflutkanal sollte 1.730.400 Mark kosten, die Gesamtkosten aller Maßnahmen wurden mit 2.500.000 Mark kalkuliert. Das entsprach, auf die betrachtete Fläche bezogen, 113,5 Mark pro Hektar. Eine Rentabilitätsrechnung ergab mit der Maßnahmenumsetzung eine Steigerung des Reinertrags aus der Niederungsfläche im Ober- und Unterspreewald um 33 Prozent (Koehler).

Die Denkschrift von Koehler wurde im August 1886 unter dem Vorsitz des Regierungspräsidenten beraten. Sie scheiterte an eben den Burger Gemeinden: „[...] die das Meliorationsprojekt angeregt hatten, [die Burger] lehnten es ab und konnten auch nichts Besseres vorschlagen." (Matschenz) 1897 betrugen die Hochwasserschäden 2.641.250 Mark.

## 1900 bis 1930

Mit dem Erlass des Spreeausbaugesetzes vom 4. August 1904 zeichneten sich erste verbindliche Hochwasserschutzmaßnahmen zu Beginn des 20. Jahrhunderts ab. Das umfangreiche wasserwirtschaftliche Projekt beinhaltete den Deichausbau, die Deichverlegung und den Einbau von Überlaufstrecken an der Spree zwischen dem Fehrower Damm (Straße Fehrow-Striesow) und Burg. Im Weiteren wurden Begradigung und Querschnittserweiterungen in den Fließen sowie die Einrichtung von Staugürteln vorgenommen. Ein Umflutkanal wurde aufgrund der zu erwartenden Kosten zurückgestellt (Kals).

Damit erhielt der innere Oberspreewald die Grundzüge seines heute noch vorhandenen kaskadenförmigen Abflussregimes. 1911 wurde der Spree-Dahme-Umflutkanal fertig gestellt. Zwischen 1909 und 1912 entstanden zwischen Lübbenau und Lübben ein weiterer Vorflutkanal sowie ein erster Umflutkanal um die Stadt Lübben herum, die eine hydraulische Engstelle darstellt. Der Erste Weltkrieg unterbrach weitere Planungen (Köhler).

Erst nach den Hochwasserereignissen in den Jahren 1919/1920 begannen neue Planungsaktivitäten. Der Umflutkanal sollte unter Berücksichtigung der Schiffbarkeit seitens der Landesbauverwaltung erneut geprüft werden. Dazu traten die Nutzung des Schwielochsees und des Mochow-Sees als Hochwasserstauraum in die Diskussion ein.

Wiederum scheitert das Projekt an den Baukosten, die mit sieben Millionen Mark angesetzt wurden, sowie dem geringen Nutzen, der sich aus dem begrenzten Speicherraum der Seen ergab.

In der Folge waren es langanhaltende und vernichtende Hochwässer in den Jahren 1926/27, die den Provinzial-Landtag zur einstimmigen Annahme eines umfangreichen Meliorationsplanes für den Spreewald bewegten.

Dieser beinhaltete den weiteren Ausbau der Fließe im Oberspreewald zur Abführung von 29 Kubikmetern pro Sekunde. Dieser Abfluss entsprach einem mittleren Sommerhochwasser, welches der Unterspreewald noch schadlos abführen konnte. Weiter gehörte dazu der Bau eines Staubeckens bei Tzschelln sowie die Herstellung eines Elbe-Spree-Oder-Kanals.[1]

Von den drei Ansätzen wurde nur der weitere Gewässerausbau vorangetrieben. Aufgrund der geringen Gefälleverhältnisse im Spreewald bezog sich der Ausbau auf Gewässerstrecken, welche in der Hauptfließrichtung lagen und bestand aus Begradigungen, Verbreiterungen und Tieferlegung der Profile. Im Gegenzug wurde mit dem Bau von Staugürteln der so beschleunigten Entwässerung entgegengewirkt. Die Arbeiten wurden 1928 abgeschlossen. Eine Talsperre bei Tzschelln scheiterte am dortigen Kohlevorkommen, der Kanalbau an den Kosten von 117 Millonen Mark (Kals; Köhler).

1) Vgl.: Rolf Radochla: Das ESO-Kanal-Projekt. In: Stog 2019, S. 42–48

Abb.: Sammlung Alexander Wach

*Das Gnielawehr zur Hochwasserentlastung der Spree in die Patschowina (Malxe), heute steht hier das Wehr 6 und beginnt der Nordumfluter (Sievers, 1937)*

Der verstärkte Gewässerausbau in dieser Phase prägt bis heute das Gewässernetz des Spreewaldes. In diesem Zusammenhang wurden zahlreiche Gewässerstrecken begradigt und ausgebaut, so zum Beispiel im Raum Burg die Begradigung der Schrebenza (Großes Fließ), die Begradigung des Burg-Lübbener Kanals oder der Ausbau der Straupitzer Mühlspree (Nordfließ). Weiterhin erfolgte der Bau von mehr als einem Dutzend Kahnschleusen (Köhler).

Ein wesentlicher Planungsschritt zur Hochwasserproblematik des Spreewaldes stellen die Eindeichungsprojekte für die Randgebiete des Oberspreewaldes des Kulturbauamtes Cottbus von 1923 und 1924 dar. Durch die Eindeichung der nördlichen und südlichen Randgebiete sollten zumindest diese landwirtschaftlichen Flächen vor Überschwemmungen geschützt und entwässert werden. Begründet wurde die Planung darin, dass sich die Überschwemmungen auf die Erträge in den weniger durchströmten Randgebieten besonders negativ auswirkten. Schlechtere Abflussverhältnisse, hohe Grundwasserstände und anhaltende Staunässe führten in diesen Gebieten dazu, dass Flächen aus mangelnder Wirtschaftlichkeit nicht mehr abgeerntet wurden.

Zur Durchführung der Maßnahmen war die Bildung von vier Deichverbänden vorgesehen. Hauptdeiche sollten die Spreewaldrandlagen zwischen Lübben-Lübbenau, Lübbenau-Raddusch, Lübben-Altzausche sowie Altzauche-Mühlendorf vom Überschwemmungsgebiet abtrennen. Die Eindeichung der bestehenden Kahnfahrten aus den Randdörfern war ebenfalls vorgesehen, wie der Bau von Schöpfwerken und Dükern (Meyer; Krausch).

Eine Umsetzung der umfangreichen Pläne in den 1920er Jahren scheiterte. Dazu schrieb Felix Köhler: „Die Regierung erwog auch größere Projekte [...] aber Inflation, Geldknappheit und Tiefstand des Wirtschaftslebens hemmten [...] jede umfassende Meliorationsarbeit." (Köhler)

Quellen:

1. Kals, Hermann: „Wasserwirtschaft und landwirtschaftliche Meliorationen", in „Der Landkreis Cottbus mit dem Spreewald," S. 61–68, Magdeburg 1933
2. Koehler: „Die Landesmelioration des Spreewaldes", Berlin 1885
3. Köhler, Felix: „Die Veränderung des hydrographischen Netzes im Spreewald im Wandel der Zeiten", Dissertation, Sächsisch Technische Hochschule zu Dresden, 1934
4. Krausch, Heinz-Dieter: „Burger und Lübbenauer Spreewald", Berlin 1981
5. Matschenz, Guido: „Die landwirtschaftlichen Verhältnisse des Spreewaldes", Potsdam 1926
6. Meyer, Albert: „Die Melioration des Spreewaldes", Inaugural-Dissertation, Berlin 1935
7. Sievers, Friedrich: Untersuchungen über den Wasserhaushalt der Spree und seine Bewirtschaftung, Fürstenwalde (Spree), 1937

# Karl Katzmann – Vetschauer Heimatforscher

## Zum Tod des Stog-Autors im Jahr 2020

Bernd Marx

Am 7. Juni 2020 verstarb der Vetschauer Heimatforscher Karl Katzmann. Er war auch bekannt als Autor zahlreicher Beiträge für den Förderverein Heimatgeschichte „Stog“ e. V.

Karl Katzmann wurde am 15. Januar 1941 in Vetschau geboren und war als Diplom-Ingenieur im Volkseigenen Betrieb Kraftwerke Lübbenau-Vetschau tätig. Er engagierte sich im hohen Maße für die Erforschung seiner Heimatstadt Vetschau und der Umgebung, besonders für das einstige Dorf Schönebegk, welches im Jahr 1928 in die Stadt Vetschau eingemeindet wurde.

Karl Katzmann gehörte zu den Protagonisten bei der Veröffentlichung der „Schönebegker Heimatblätter“, wo er selbst Autor zahlreicher historischer Beiträge war. Großen Anteil hatte er an der feierlichen Einweihung eines Gedenksteines am 10. August 2008 anlässlich der Eingemeindung des Dorfes Schönebegk vor 80 Jahren in die Stadt Vetschau.

Die von ihm verfassten Artikel im Heimatjahrbuch „Stog – Der Schober“ fanden bei den Lesern großes Interesse. Zu den Beiträgen gehören das „Vetschauer Spreewaldlied“ (Stog 2011), die Vetschauer Mühlen an der Lukaitz (2012), Alexander Rabenau, den Vetschauer Sagensammler und Archäologen (2013), die Schiffbarkeit der Lukaitz von Vetschau in den Spreewald (2014), über den Besuch von König Maximilian II. im Jahr 1564 in Vetschau (2015), über den Vetschauer Stadtteil Lacoma (2017) sowie über Richard Hellmann, den Auswanderer und Stiftungsgeber (2019).

Karl Katzmann widmete sich in den letzten Jahren Forschungsthemen wie der Bodenreform in der DDR, der Geschichte des VEB Kraftwerke Lübbenau-Vetschau sowie über zahlreiche Persönlichkeiten der Stadt Vetschau.

Über viele Jahrzehnte gehörte der stets Aktivgebliebene der Laufgruppe Vetschau an, wo er bei Wettkämpfen in seiner Altersgruppe Siege und vordere Plätze erringen konnte.

Mit Karl Katzmann verlieren die Heimat- und Regionalforscher in der Spreewaldregion einen engagierten, hilfsbereiten und erfolgreichen Stadtgeschichtsforscher und Mitstreiter bei der Erforschung der niedersorbischen/wendischen und deutschen Kultur- und Entwicklungsgeschichte in der Region.

Die Mitglieder des Fördervereins Heimatgeschichte „Stog“ e. V. werden sein Andenken stets in Ehren halten.

# Klaus-Peter Jannasch (1933–2021)

## Verehrer Kosyks und Fleißiger Kulturschaffender

Jill-Francis Käthlitz

„Stupaj naprědk – nikula naslědk!"/ „Schreite voran – niemals zurück!" Dies war die Lebensmaxime des Sprachforschers, Literaten, Publizisten und Lehrers Klaus-Peter Jannasch, dessen Verdienste um die Erfoschung und Bewahrung der niedersorbischen Sprache sowie der Kultur der Sorben/ Wenden ihm ein bleibendes Denkmal setzen. Mit seinem Ableben hat auch der Stog einen fleißigen, wertvollen Autoren verloren, dessen Beiträge, seit der ersten Ausgabe von 2005, immer wieder eine Bereicherung waren.

Im Laufe seines Lebens, das am 19. November 1933 in Cottbus begann und am 18. Februar 2021 ebendort endete, fesselten Klaus-Peter Jannasch die Klassiker der niedersorbischen Literatur. Viel beschäftigte er sich mit Mato Kosyk, Fryco Rocha und Mina Witkojc. Besonders das Leben und die Werke des Ersteren ließen ihn zeitlebens nicht los.

2005 wurde Klaus-Peter Jannasch mit dem Ćišinski-Preis, der höchsten sorbischen Auszeichnung, gewürdigt. 2012 verlieh man ihm die Ehrenmedaille der Stadt Cottbus. Diese Ehrungen erwarb er sich durch eine Vielzahl von Leistungen, hier nur ein kleiner Überblick: 1992 gründete er die Arbeitsstelle für sorbische Bildungsentwicklung Cottbus (ABC). Auch war er Mitbegründer des sorbischen TV-Magazins „Łužyca". Er brachte viele literaturwissenschaftliche Arbeiten, Nachdichtungen und Übersetzungen hervor. Sein deutsch-niedersorbisches Wörterbuch wie auch seine Grammatik der niedersorbischen Sprache und zahlreiche sorbische Lehrbücher begleiteten Generationen Lernender. Gemeinsam mit dem Slawisten Roland Marti gab er von 2000 bis 2017 die gesammelten Schriften des Dichters Mato Kosyk in neun Bänden heraus.

Auch Stog-Lesern brachte Klaus-Peter Jannasch den in die USA ausgewanderten wendischen Dichter nahe. Unter anderem übersetzte er einen Brief Kosyks an Mina Witkojc („Der Dichter an die Dichterin", Stog 2005). Andere seiner Beiträge widmeten sich unter anderem der Geschichte Burgs, wo er in den 1950er Jahren als Lehrer tätig war – zum Beispiel informierte er über die „Burger Schulgeschichte nach 1945" (zusammen mit Horst Heiser, Stog 2008).

Klaus-Peter Jannasch wird unvergessen bleiben – mögen auch kommende Generationen sein Andenken ehren.

# Ereignisse des Jahres 2020

## … im Spreewald zwischen Amt Burg, Vetschau, Lübbenau und Lübben

Kerstin Möbes, Mandy Kunze, Dörthe Ziemer

Das Jahr 2020 wurde von SARS-CoV-2 (offizielle Bezeichnung des neuartigen Coronavirus) und COVID-19 (offizielle Bezeichnung der Erkrankung durch das neuartige Coronavirus) geprägt. Dies hat unser persönliches Leben massiv eingeschränkt, aber auch das gesellschaftliche. Viele Veranstaltungen sind ausgefallen oder konnten nur unter umfassenden Hygieneauflagen durchgeführt werden. Der nachfolgende Jahresrückblick soll weitgehend ohne Corona auskommen und wird nicht die vielen ausgefallenen Veranstaltungen aufzählen. Passiert ist nämlich trotzdem eine ganze Menge – und die Pandemie hat gezeigt, dass man trotz Abstand auch zusammenrücken kann.

*20. Januar* Die Lübbener Naturbadestelle SpreeLagune muss 2020 und 2021 für das Baden wegen der hohen Belastung mit dem Bakterium Escherichia-coli gesperrt werden. Die Stadt unternimmt Anstrengungen, um die Gewässerqualität zu verbessern. Aber auch ohne Badespaß ist die SpreeLagune ein wunderschöner Naturraum zur Erholung.

*24. Januar* Mit rund 150 Teilnehmenden ist Dissen zur Grünen Woche nach Berlin gefahren, um bei der Abschlussveranstaltung des 26. Bundeswettbewerbes „Unser Dorf hat Zukunft“ ganz offiziell die Goldmedaille entgegenzunehmen. Im März empfing Bundespräsident Frank-Walter Steinmeier die Siegerdörfer im Schloss Bellevue: Bürgermeister Fred Kaiser und seine Stellvertreterin Katja Hoffmann waren mit dabei.

Abb.: BEML

*2. Februar* Jung und Alt sind in Werben, Amt Burg (Spreewald); bei der 180. Jugendfastnacht auf den Beinen.

*7. Februar* Das 2018 umgebaute Spreewelten Bad in Lübbenau erhält erneut einen weiteren Preis: den German Design Award in der Kategorie „Architecture“. Dieser zeichnet die innovativsten Produkte und Projekte sowie ihre Hersteller und Gestalter aus, welche die Designlandschaft in Deutschland und auch international wegweisend anführen.

*12. Februar* 37 Künstler aus dem gesamten Landkreis Dahme-Spreewald zeigen in einer bisher einmaligen Gemeinschaftsschau unter dem Titel „Panorama“ eine Auswahl ihrer Werke im Lübbener Rathaus sowie im Landratsamt. Die Ausstellung präsentiert Arbeiten aus den Bereichen Malerei, Skulptur und Fotografie.

Abb.: Dörthe Ziemer

*Der Große Weiße Hase vom Töpchiner Bildhauer Harald Müller macht auf dem Lübbener Marktplatz auf die Panorama-Ausstellung neugierig*

*28. Februar* Im Rahmen des Projektes „kultur.lokal.machen“ wird mit Kaffee und Kuchen und in gemütlicher Runde am Roten Platz in Lübbenau ein neuer Bürgertreffpunkt eröffnet. In dem kurz vor dem Abriss stehenden Laden wurde damit ein temporärer Freiraum für alles Kreative mit dem Namen „Kulturlokal“ geschaffen.

*6. März* Einweihung des Anbaus zur „Inklusiven Erweiterung am Grundschul- und Hortstandort Briesen“. 1,3 Millionen Euro investierte das Amt Burg (Spreewald) bei einer Förderung von 942.682 Euro. Entstanden sind unter anderem mehrere Unterrichts- und Grupperäume, Spielflur, Personalraum und Fahrstuhl für die barrierefreie Erreichbarkeit aller Schuletagen.

*8. März* 20.000 Euro ließ sich der Förderverein des Heimatmuseums Dissen die Umgestaltung der Dauerausstellung im Museum kosten, mit 16.000 Euro durch das Kulturministerium gefördert. Die Eröffnung wird bei Kaffee, Kuchen und Musik gefeiert.

Abb.: Bernd Choritz

*Blick in die neugestalteten Museumsräume im Heimatmuseum Dissen*

*23. April* Mit einem Glockengeläut und einem ökumenischen Gebet wird um 19.30 Uhr an die sinnlose Zerstörung Lübbens im Zweiten Weltkrieg erinnert.

*Ende April* „30 Orte – 30 Bilder" heißt es in Erinnerung an die politische Wende 1989 in Lübbenau. An 30 markanten Punkten im Stadtgebiet sind Tafeln aufgestellt, die zeigen, wie sich Lübbenau mit seinen Ortsteilen in den vergangenen 30 Jahre verändert hat.

Abb.: Mandy Kunze

*An 30 Orten in Lübbenau ist nachzulesen, was sich früher an den Orten befand beziehungsweise was in den Gebäuden untergebracht war*

*1. Mai* Live via Internet kann man die offizielle Eröffnung des Kinderhauses „Pusteblume“ in Burg (Spreewald)/Bórkowy (Błota) miterleben. Dank großartiger Unterstützung konnten die Johanniter ihr Herzensprojekt, ein stationäres Kinder- und Jugendhospiz und eine ambulant betreute Wohngruppe, starten.

*9. Mai* Spreewaldweit wird die Saisoneröffnung eher im Stillen vollzogen. Im Vetschauer Ortsteil Raddusch erfolgte die traditionelle Rudelübergabe im familiären Rahmen: Manuela Mecke übergab das Rudel an den Vorsitzenden der Radduscher Kahnfährgemeinschaft, ihren Ehemann Detlef Mecke. Unterdessen hat der Tourismusverein Raddusch für Licht am Skulpturenweg gesorgt. Dank Unterstützung konnten die drei Holzskulpturen Adler, Schlangenkönig und Wassermann mit einer LED-Beleuchtung ausgestattet werden

*Pfingsten 30. Mai – 1. Juni* „Lübbenau/Spreewald – Mit Abstand das Beste“: Nicht nur in der Spreewaldstadt sind die Menschen froh, dass das kulturelle Leben langsam wieder zum Leben erwacht. In Lübbenau baten verkleidete Figuren, mit und ohne Stelzen, zwischen Kirchplatz und Großem Spreewaldhafen die Gäste auf witzige Weise, auf Abstand zu achten.

*Juni* An drei Standorten in Lübbenau – am Parkplatz in der Poststraße, vor dem Eingangsbereich des Spreewelten Bades und auf dem Gelände des Leiper Hafens – können Radfahrer künftig ihre Fahrräder sicher in den neuen „Radschobern“ einschließen.

Abb.: Peter Becker

*Die spreewaldtypischen Radgaragen mit Ladestation, Wertsachendepot, Lager- und Umkleidemöglichkeit können über eine App kostenlos gebucht werden*

*8. Juni* Einige Wochen später als üblich eröffnen Bürgermeister Bengt Kanzler und Bademeister René Stefanski mit einem Sprung ins Becken die Badesaison im Vetschauer Sommerbad.

*13. Juni* Nach nur knapp einem Jahr Bauzeit wird das neue Feuerwehrgerätehaus in Kittlitz übergeben. 563.000 Euro sind in den Neubau mit Feuerwehrgarage, Umkleiden, Sanitäranlagen, Schulungsraum mit Küche sowie einem Büro für den Wehrleiter geflossen.

*22. Juni* Keine rote Karte, sondern rotes Licht für die Politik bei der „Night of Light“: Auch Lübbenauer Künstler und Eventagenturen beteiligen sich an der weltweiten Protestaktion der Veranstaltungswirtschaft, deren Einnahmen durch den Wegfall von Veranstaltungen im Zusammenhang mit den Maßnahmen zur Bekämpfung des Corona-Virus fast vollständig weggebrochen sind. Um dies zu verdeutlichen, wurden Bauwerke mit Kunstbezug rot angestrahlt, so auch das GLEIS 3 Kulturzentrum Lübbenau, das Rathaus und das Museum Schloss Lübben.

*25. Juni* Der neue Park&Ride-Parkplatz am Vetschauer Bahnhof mit 58 Stellplätzen für Autos sowie 24 überdachten Stellplätzen für Fahrräder soll den Umstieg auf öffentliche Verkehrsmittel erleichtern. An der Eröffnung nahm auch Brandenburgs Verkehrsminister Guido Beermann teil. Das Land und der Landkreis Oberspreewald-Lausitz finanzierten das Projekt maßgeblich durch Fördermittel.

*25. Juni* Brandenburgs Infrastrukturminister Guido Beermann ist der neue Schirmherr der LübbenauBrücke. Zwei Monate später, am 25. September, feiert der Förderverein der LübbenauBrücke sein 20-jähriges Jubiläum. Gegründet am 21. September 2001 durch 13 Gründungsmitglieder, zählt er heute 135 Mitglieder. Beim Rückblick wurde festgestellt, dass es auch nach 30 Jahren Stadtentwicklung noch einiges gibt, was mit und für die Bürger zu erledigen ist.

*30. Juni* „Das Amt Burg (Spreewald) mit dem Kurort Burg (Spreewald)/ Bórkowy (Błota) ist ein weltoffener, toleranter und gastfreundlicher Ort.“ Mit diesem Bekenntnis verabschiedet der Amtsausschuss ein Positionspapier gegen Intoleranz, Diskriminierung, Fremdenhass und Gewaltbereitschaft.

*Juli* Für weitere drei Jahre darf die Burger Touristinformation die „I-Marke“ des Deutschen Tourismusverbandes tragen. Mit der Note „sehr gut“ verteidigten die Touristiker das Prädikat.

*3. August* Mit aufwändigen Sanierungsarbeiten im Innen- und Außenbereich ist das ehemalige Oberstufenzentrum in der Richard-Wagner-Straße in Lübbenau/Spreewald nun perfekt auf die neuen unterschiedlichen Nutzungsarten eingestellt. Neben der Grundschule gibt es im neuen Jenaplanhaus unter anderem einen Kindergarten und Hort, eine Tagesmutter, sowie mehrere Vereinsräume.

Abb.: Mandy Kunze

*Das neue Jenaplanhaus neben der Grundschule in der Richard-Wagner-Straße in Lübbenau*

*12. August* Die Radensdorfer weihen ihren umgestalteten Dorfanger ein. Mit 363.000 Euro wurden neben dem Dorfanger auch der Gehweg an der Radensdorfer Hauptstraße gebaut sowie die Beleuchtung erneuert. Es entstanden zusätzliche Sitzgelegenheiten sowie PKW- und Fahrradstellplätze.

Abb.: Dörthe Ziemer

*Blick auf den neugestalteten Dorfanger in Radensdorf*

*20. August* Brandenburgs Kulturministerin Manja Schüle übernimmt während der Vernissage zur Spreewaldatelier-Rückblende die Schirmherrschaft für den „Kunstraum Spreewald".

*20. August* Hans-Jürgen Dreger ist der neue Bürgermeister des Kurortes Burg (Spreewald). Die Gemeindevertretung wählte den bisherigen Stellvertreter einstimmig. Am 19. Mai war Bürgermeisterin Ira Frackmann aus gesundheitlichen Gründen zurückgetreten.

*21. August* Auf dem Schmogrower Sportplatz wird die Begegnungsstätte „Jung trifft Alt" mit einem kleinen Fest eingeweiht. Rund 511.000 Euro hat die Gemeinde Schmogrow-Fehrow in den Anbau an das 1973 errichtete Sportlerheim investiert, davon 349.000 Euro gefördert aus dem ELER-Programm.

Abb.: Kerstin Möbes

*Sportvereins-Chef Carsten Hänsel, Bürgermeister Joachim Emmrich, Amtsdirektor Tobias Hentschel und Ortsvorsteher René Schneider kam die Aufgabe zu, das Band zu zerschneiden. Flankiert wurden sie von Anja Konzack (r.) und Anna Sofie Marrack.*

*23. August* Fast der einzige Erntekönig des Jahres 2020 ist Norman Schomber. Dank großer Unterstützung durch Gemeinde, Sportverein, Feuerwehr und Domowina-Ortsgruppe konnte die Dissener Jugend die notwendigen Hygieneauflagen erfüllen und das traditionelle Hahnrupfen feiern.

*25. August* Die Stadt Vetschau trauert um ihren Bürgermeister a. D. Axel Müller, der im Alter von 63 Jahren viel zu früh verstorben ist. Müller lenkte als Bürgermeister von 1994 bis 2010 die Geschicke der Stadt.

*27. August* Die Stadt Lübben ruft zwar nicht den Klimanotstand aus, bekennt sich aber zu den Zielen als Klimaschutzkommune. Damit reagiert sie auf eine Petition von Naturschutzverbänden zur Ausrufung des Klimanotstandes. Lübben engagiert sich bereits seit 2011 als Pilotkommune im Klimaschutz.

*28. August* „Die Slawen sind zurück!" – unter diesem Motto wird die Slawenburg Raddusch nach mehrmonatigem Umbau mit einer neuen Ausstellung eröffnet. „Prägende Menschheitsepochen, wie Steinzeit, Bronzezeit und Mittelalter werden durch anschauliche Inszenierungen und detailgetreue Rekonstruktionen lebendig", heißt es in einer Presseinformation.
Die fast 20.000 Besucher, die im September und Oktober gezählt wurden, übertrafen alle Erwartungen.

Abb.: Peter Becker

*Manfred Kliche am Eröffnungstag in der Slawenburg*

*28.–30. August* Premiere erleben die „Burger Sommerkonzerte" auf dem Festplatz im Kurort. Mit Blasmusik und Tanz und der offiziellen Vorstellung des „Stog" für 2021 kann zwar nicht das beliebte Heimat- und Trachtenfest ersetzt, aber trotzdem etwas Kultur gemacht werden.

*5. September* Rund 50 Lausitzerinnen und Lausitzer haben mit Gesticktem, Gehäkeltem, Gestricktem, Geklöppeltem, Geflochtenem und Geknüpftem die Sonderausstellung „Meine schönste Handarbeit" in der Burger Heimatstube mitgestaltet. Zum Heimatstubenfest werden die von den Besuchern bewerteten, besten Handarbeitskünstlerinnen geehrt.

*10. September* Pünktlich um 11 Uhr sollte bundesweit ein Probealarm ausgelöst werden. Doch nicht überall klappte dies richtig an diesem 1. Warntag. Dieser soll nun jährlich am zweiten Donnerstag im September stattfinden.

*22. September* Freie Fahrt im neuen Kreisverkehr in Vetschau. Während der Bauzeit von einem Jahr und sieben Monaten (Erster Spatenstich am 1. März 2019) entstand aus einer ampelgesteuerten Kreuzung ein neuer Kreisverkehr mit benachbartem Pendlerparkplatz. Das Bauprojekt hat 3,4 Millionen Euro gekostet.

*3. Oktober* Mit „30 schöne Orte für 30 Jahre Einheit" feiert Lübben den 30. Jahrestag der Deutschen Einheit und 30 Jahre Stadtsanierung: Das Programm reicht vom Bläserquartett im Hain über einen Kunstworkshop im Rathaus bis hin zur Zaungalerie an der „insel". Das Museum Schloss Lübben präsentiert erstmals sein Zeitzeugenprojekt, und mit einer Bildershow auf dem Marktplatz wird auf 30 Jahre Stadtsanierung zurückgeblickt.

Abb.: Dörthe Ziemer

*Der Bläserkreis der Musikschule muszierte bei „30 schöne Orte für 30 Jahre Einheit" im Hain in Lübben*

*9./10. Oktober* Die Lübbener Stadtbibliothek wird 70 Jahre alt und feiert das Jubiläum zwei Tage lang mit Veranstaltungen für große und kleine Leser.

*Mitte Oktober* Die langersehnte Umgestaltung des Roten Platzes in Lübbenau beginnt mit Abrissarbeiten. Bis Ende 2021 soll auf dem mehr als 10.000 Quadratmeter großen Gelände ein neues Einkaufszentrum entstehen.

*3. November* Am 19. August 1960 erfolgte die offizielle Grundsteinlegung für das Großkraftwerk Vetschau. Eine Ausstellung im Stadtschloss macht die bewegte Zeit des Baus und Betriebes an Hand von Bildern und Dokumenten erlebbar.

*8. November* Der Verein der Förderer und Freunde des Spreewalddorfes Leipe wird 25. Er widmet sich dem Erhalt des sorbischen/wendischen Brauchtums und das Traditionsleben des Dorfes und betreibt eine Heimatstube.

*25. November* Die Stadt Vetschau wird als eine von 40 Kommunen im bundesweiten Wettbewerb „Naturstadt – Kommunen schaffen Vielfalt" für ihre Projektidee zur Förderung von Stadtnatur und Insekten im Siedlungsraum gewürdigt. Als Preisgeld erhält die Stadt 25.000 Euro für die Umsetzung des Zukunftsprojekts „Blühende Gewässerläufe - Pilotprojekt zur dauerhaften Anlage von gewässerbegleitenden Blühstreifen in Vetschau".

*27. November* Start für den Bau der neuen Brücke An der Kupka und die damit verbundene Sanierung der Bundesstraße B 87 in Lübben.

*8. Dezember* Die über sieben Meter hohe und etwa 42 Tonnen schwere Tagebauskulptur „Interrupt in der Lausitz" wird im Lübbenauer Energiefeld aufgestellt. Auf der Grünfläche entlang des Energieweges entsteht seit einigen Jahren ein kleiner Ausstellungsbereich mit Erinnerungsstücken an die bedeutende Kraftwerkstradition der Stadt.

Abb.: Michael Hensel

*Die Tagebauskulptur „Interrupt in der Lausitz" zeigt stilisiert die Dimension eines Eimerkettenbaggers und der dazugehörenden Schürfeimer*

*29. Dezember* Die Stadt Lübben ist „Kommune des Jahres 2020", gekürt vom Ostdeutschen Sparkassenverband. Neben Lübben als Brandenburger Kommune erhielten auch Rostock, Chemnitz und Gardelegen diesen Titel. Lübben wird vor allem für seine digitalen Angebote geehrt.

ABB.: DÖRTHE ZIEMER

*Achmed Lutz (l.), Kommunalkundenbetreuer bei der Mittelbrandenburgischen Sparkasse, übergibt den Preis an Lübbens Bürgermeister Lars Kolan*

# Corona 2020: Zahlen & Fakten

*27. Januar* Erster mit Corona Infizierter in Deutschland

*2. März* Erster Corona-Fall in Brandenburg

*09. März* Erster bestätigter Fall einer Coronavirus-Erkrankung im Landkreis Spree-Neiße

*11. März* Erster Corona-Fall im Landkreis Oberspreewald-Lausitz

*13. März* Erster Corona-Fall in im Landkreis Dahme-Spreewald

*17. März* Brandenburg beschließt erstmals Rechtsverordnung zur Eindämmung der Corona-Pandemie.

*21. März* Erster Todesfall im Zusammenhang mit Covid 19 in Brandenburg

*22. März* Der erste Lockdown tritt in Kraft. Er gilt sieben Wochen.

*24. April* Pflicht zu Mund-Nasen-Schutz im Einzelhandel und im ÖPNV

*3. Mai* Schrittweise Lockerungen: Erst öffnen Kitas und Schulen wieder, dann Friseursalons, später Gaststätten und Hotels ...

Über den Sommer und Frühherbst kehrt das Leben in (fast) normale Bahnen zurück. Handel, Gastronomie, Hotels und Handwerk investieren zur Umsetzung von Hygienemaßnahmen.

AHA-Regeln – Abstand einhalten, Hygieneregeln beachten, Alltagsmasken tragen – gehören inzwischen zum Alltag und werden durch +A, wie Corona-Warn-App, und +L, wie Lüften, erweitert.

*2. November* Teil-Lockdown: Einrichtungen, die der Unterhaltung und Freizeitgestaltung dienen, bleiben geschlossen. Dazu gehören Kino und Theater, Freizeitparks, Schwimmbäder, Thermen, Fitnessstudios ... Veranstaltungen mit Zuschauern, die der Unterhaltung dienen, werden untersagt, ebenso der Freizeit- und Amateursport.
Gastronomische Betriebe müssen geschlossen werden. Touristische Beherbergung ist untersagt.

*16. Dezember* Lockdown: Es gelten massive Kontaktbeschränkungen, die nur über die Weihnachtstage leicht gelockert werden. Der Lockdown gilt über den Redaktionsschluss hinweg fort bis in den Frühling 2021 ...

# Unsere Autoren in dieser Ausgabe

Peter Becker, Raddusch/Raduš
Kurt Philipp Brendel, Gera
Rudolf Bönisch, Lübbenau/Lubnjow
Ingrid Groschke, Lübben/Lubin
Dr. Hans-Joachim Jänsch, Radebeul
Marlene Jedro, Leipe/Lipje
Jill-Francis Käthlitz (Źilka), Cottbus/Chóśebuz
Manfred Kliche, Raddusch/Raduš
Christine Kohlstock, Vetschau/Wětošow
Erna Koppermann, Guhrow/Góry
Heiko Kosel/ Hajko Kozel, RA, Wartha/Stróža
Mandy Kunze, Lübbenau/Lubnjow
Dr. Klaus Lange, Turnow/Turnow
Sabine Lehmann, Lübbenau/Lubnjow
Evelyne Lungwitz, Lübbenau/Lubnjow
Bernd Marx, Boblitz/Bobolce
Michael Mehlow, Boxberg/Hamor
Kerstin Möbes, Amt Burg (Spreewald)/Amt Bórkowy (Błota)
Günter Noatsch, Lübbenau/Lubnjow
Měto Nowak, Potsdam
Dr. Edeltraud Radochla, Ruben/Rubyn
Rolf Radochla, Ruben/Rubyn
Ursula Schmidt, Burg (Spreewald)/Bórkowy (Błota)
Hans-Hermann Schneider, Görlitz/Zgórjelec
Kathrin Schwella, Dissen/Dešno
Alexander Wach, Burg (Spreewald)/Bórkowy (Błota)
Helmut Ziehe, Vetschau/Wětošow
Dörthe Ziemer, Lübben/Lubin

sowie Fotos oder Zeichnungen von BEML, Bernd Choritz (Cottbus/Chóśebuz), Framerate Media, Gabriele Gittel (Cottbus/Chóśebuz), Andreas Harms und Michael Hensel (Lübbenau/Lubnjow), Heiko Lobert (Koschendorf/ Kóšnojce), Gerd Rattei (Cottbus/Chóśebuz), Harry Rinza (Burg (Spreewald)/Bórkowy (Błota)), Bernd Schmidt (Burg (Spreewald)/Bórkowy (Błota)), Ingmar Steffen, (Burg (Spreewald)/Bórkowy (Błota)), Sarah Tamm, Wendisches Museum Cottbus/Chóśebuz.